笨作文

國中實戰篇

林明進・著

推薦人

（依姓氏筆劃排序）

【基金會、文藝社、作家】

王文華　兒童文學作者
石育玲　「ＣＷＴ全民中檢」主任
何能裕　溫世仁基金會執行長
吳武雄　東莞育苗教育基金會董事
宋具芳　漢光基金會董事長
周芳如　尤進興基金會董事長
陳憲仁　明道文藝創社長
魏憶龍　樹仁基金會董事長
蘇玉枝　東元基金會副執行長

【大學教授】

丁威仁　新竹教育大學中國文學系副教授
王偉勇　成功大學中文系教授
李瑞騰　中央大學中文系教授、文學院院長
季旭昇　中國文化大學中文系教授
林于弘　臺北教育大學語文與創作學系教授
林顯群　臺灣科技大學機械工程系教授
孫永忠　輔仁大學中文系教授
孫劍秋　臺北教育大學語文與創作學系教授
張清榮　臺南大學國語文學系教授
莊淇銘　臺北教育大學教育經營管理系教授
許俊雅　臺師大國文系教授
連蔚勤　東吳大學中文系教授
陳宏銘　高師大國文系教授
黃宗義　臺南大學國語文學系教授
黃湘陽　輔仁大學中文系教授
楊裕貿　臺中教育大學語文教育系主任

【中小學校長、國文科教師、國文領域輔導員】

•基隆市

顏宏如　七堵國小教師

•臺北市

王宗平　私立新民國小校長

朱玉齡　新興國中校長

江幸真　蘭州國中校長

李尹伶　天母國中教師

林沁瑩　懷生國中教師

林宗賜　師大附中教師

林美秀　內湖國中理化教師、臺北市國教輔導團專任輔導員

俞玲琍　金華國中校長

姜文怡　龍山國中教師

施教麟　明湖國中教師

洪怡珍　師大附中教師

陳嘉英　景美女中教師

張銘芳　介壽國中教師

張騰尹　敦化國中教師

楊智堅　建安國小校長

楊曉菁　政大附中教師

謝明燕　東門國小校長

•北一女國文科教師

汪丞勳，林月貞，易理玉、段心儀、梁淑玲，陳美桂，陳碧霞，謝智芬，羅位育

•建國中學國文科歷任主席

周杏芬、姜廣艮、施美慧、凌性傑、章璨文、陳怡樺、楊玉玲、劉昭敏、羅安琪

•建國中學國文科教師

文蜀陵、王宏仁、王曼莉、朱伊雯、李百容、李沅珊、李榮哲、沈容伊、吳昌政、吳岱穎、吳瓊玫、林欣怡、林惟萱、柳品如、徐孟芳、徐淑慧、郭素妙、郭淳華、陳筱逸、張佳瑤、彭成錦、楊德威、劉子維、盧宜安、蕭新玉

•新北市

卜富美　樹林高中教師

林聰宏　清水高中教師

張佳方　汐止國中教師

張嘉怡　忠孝國中教師

許維娟　深坑國中教師

陳恬伶　江翠國中教師、新北市國教輔導團輔導員

陳麗雲　修德國小教師

黃秀精　麗林國小教師

蔡麗鳳　柑園國小校長

簡秀玫　新泰國中教師

・桃園市

林繼生　私立復旦高中副校長
吳珈潞　南崁國中教師
宋珀源　中興國中教師
周怡嫻　文昌國中教師
邱乙珊　壽山高中教師
張雅萍　文昌國中教師

・新竹縣

翁世雄　雙溪國小師鐸獎教師

・苗栗縣

陳招池　斗換國小校長
葉錦忠　開礦國小退休校長

・臺中市

施志雄　向上國中教師
陳淑娟　神岡國中教師
曾金美　惠文國小校長
詹谷原　豐東國中校長、臺中市國教輔導團輔導員
劉怡瑩　自由國小教師
賴建成　私立青年高中校長
簡鈺珣　長億高中教師、臺中市國教輔導團輔導員

・彰化縣

周昉蓉　社頭國中教師、彰化國教輔導團兼任輔導員

・嘉義

江連君　嘉義縣太保國小退休校長
何憲昌　嘉義市世賢國小校長
廖連喜　嘉義縣新港藝術高中校長
蔡鎮名　嘉義縣福樂國小校長

・臺南市

王榆棻　佳里國中教師
吳舒靜　安平國中教師
卓毓婷　新營高中教師
許靜佳　新化高中教師

・高雄市

王東進　國昌國中校長、高雄市國教輔導團副召集人
李金鴦　高師大附中教授
於同生　右昌國中理化教師
林淑芳　高雄市國教輔導團國語文領域輔導員
高美芸　右昌國中教師
陳升煌　岡山高中教師
陳筱姍　右昌國中教師、高雄市國教輔導團專任輔導員
蔡月梅　前金國中校長、高雄市國教輔導團副召集人
蔡佳媛　明義國中教師、高雄市國教輔導團專任輔導員
謝秀吟　左營國中總務處主任

・臺東縣

毛慧莉　福原國小校長

・花蓮縣

孫台育　美崙國中校長

・宜蘭縣

林顯宗　三星國中校長

陳春香　中華國中教師、宜蘭縣國教輔導團專任輔導員

・金門

陳為學　金湖鎮柏村國小校長

李卓恩　中正國小主任

・馬祖

王建華　連江縣仁愛國小校長

王禮民　連江縣東引國中校長

【家長會長】

方瑞嵐　明湖國中家長會榮譽會長

王雅琪　建國中學家長會榮譽會長

汪明賢　建國中學家長會榮譽會長

吳惠瑜　建國中學家長會榮譽會長

陳卓群　建國中學家長會榮譽會長

葉昌河　建國中學家長會榮譽會長

饒月琴　臺北市高中學生家長會聯合會總會長

【補教界國文教師】

曾正、詹芸、蔡一

目次

新版自序／

只想教你笨出一點名堂

如果真有天上掉下來的禮物，還得要親自去撿，別人卻幫你撿不來，禮物也不會繞個彎親自送上門來。嚴格來說，天下沒有白撿的，僥倖撿了一回便宜，並不代表你能一生永遠僥倖得勝。《笨作文》是自己投資自己，任何巧取豪奪，都不是真功夫！巍巍大業，只有一步一印；朗朗乾坤，沒有一步登天。打開歷史，究竟有幾人靠天分拿下江山；放眼世界，很多偉業都是笨笨的強大起來的！水從濫觴處往下游走，完全沒有例外，都是盈科而後進，踏踏實實地來，踏踏實實地去，流滿坑洞再往前奔流，沒有躐等，只有踏實。天上人間的真理，再簡單不過了！

這本作文書是舊作，可是歷行多年而不衰，台灣如此，大江南北也不遑多讓。舊的東西可能會隨時代而淘汰，但是歷久彌新的功夫就會成為寶貝，成為大家倚靠的金字招牌。真道理才值得信仰，真功夫才稱得上牢靠。《笨作文》這本書標榜的是實作之前的分析引導，只為你開大步走大路，不要你靠公式走套路。

真正有硬裡子功夫的高手，都不是偶然得之。武俠也好、歌手也好、舞蹈家也好、書法家也好、運動家也好……天賦的背後，很多人沒看到他的淚水與滿身汗水，沒看到他的淬鍊與一本初衷，天下沒有白撿的，任何有成就的人，幾乎都會告訴你，實力是最好的機運，他往往練就扎扎實實的功夫。很多人不得志，總認為是「命運」的作弄而自怨自艾，其實懂得「運命」也能走出很多可能。《笨作文》帶給你的是實實在在的功夫，《笨作文》指引你的是海闊天空，無限的靈感與可能。讀上一篇，深思一次，你就能走出蒙昧，鍛造你自己；看完全書，寫上一回，你就能撒豆成兵，萬馬奔騰！

大學學測出了一篇小學生、國中生都可以寫的情意型作文，君不見，佳作極少，寫法雷同的極多。很多考生練就了應考作文標準化、答案化的寫作密笈，幾乎已到了無可救藥的地步。不相信，現在你就根據這個題目來想想看、寫寫看：

我覺得童年是一種氣味的記憶。

我的童年，有許多果樹氣味的記憶。夏天暑熱的午後，廟埕後有一棵巨大的龍眼樹。我從小學翻牆出來，背著書包，爬上龍眼樹，躲在密密的枝葉裡。外面日光葉影搖晃，隱約聽見老師或母親尋來，在樹下叫著我的名字，但那呼喚的聲音，被蟬聲的高音淹沒了。我一動不動，找到一處適合蜷窩身體的枝椏，好像變成樹的一部分，而那時，龍眼樹密密的甜熟的氣味就包圍著我。我閉起眼睛，好像在假寐，也像在作夢，夢裡一串一串纍纍的龍眼，招來許多蜜蜂果蠅。我童年的夢，很甜很香，好像一整個夏天都窩在那棵樹上，包圍在濃郁的氣味裡做了一個醒不來的夢。（改寫自蔣勳《給青年藝術家的信》）

請回答下列問題：生活中充斥各種氣味。氣味透過嗅覺傳遞，喚起人們的記憶和感受，一如文中龍眼樹甜熟的氣味喚起作者的童年記憶。請以「花草樹木的氣味記憶」為題，寫一篇文章，書寫你熟悉的花草樹木的氣味，及其所召喚的記憶和感受。

「花草樹木的氣味記憶」——野薑花香（建中一叟試作）

一條古意但略嫌老態的洗衫溪，記載著阿公阿嬤的故事。綿長而茂的野薑花，到了夏天，白得潔淨的白、香得清郁的香。一陣風吹，就淡淡溢出淒美的故事了……每一陣香，像蝴蝶飛舞，迷圍左右。

從安農溪老水圳，分岔多流，汩汩的潺湲，訴說著幽幽的人間事。一字排開的阿婆阿嬸們，放著文明的洗衣機不用，賡繼著老祖母的洗衣聲，依著水、聊著天、擣著衣，隨著流傳的洗衣天空，一說一笑就是半生。

老祖母說這條小水溝，是你阿公一個人巧奪天工挖出來的，最後再從圳頭邊挖了一大欉野薑花，栽植於上。阿公不經意地說：「我林場巡山，常常一去就是七八天，你可以在這裡洗衫洗褲，野薑花就是我，天天和你作伙兒，一天就是一生，每一天香一回給你，你擣衣就很有力。……」從小放假日我總是偎在祖母身旁，像繫在褲頭的信物一樣。她總是一遍又一遍說阿公的種種故事，回家告訴阿爸，阿爸說他聽了三十年了，野薑花還是那麼香。

不幸的事發生，記得祖母說是她婚後三年，正在洗衣板忘神搓衣時，閹豬仔伯立在他身旁，囁囁嚅嚅地說了噩耗：阿公在太平山巡山時被青竹絲咬了，深山林內，天地不靈，阿公就這樣走了。那時候，肚子裡還懷著你老父，……自細漢就沒老爸……，每聽一次，我就掉一次淚，阿嬤苦笑著對我說：「野薑花不是掉淚花呢！不哭不哭……閉著眼睛，鼻子吸一口，……香不香？」

阿嬤說野薑花又稱蝴蝶花，遠看真像淨白的蝴蝶，立在花心中央。右邊傍生的野薑花是這條蝴蝶溪的香妃，水清唱，花傳香。守寡的祖母，守身如玉，像野薑花的聖潔，比白玉還白，翩翩獨舞。祖母常說：野薑花一生只燦爛一天，我一天當一世，一世當一天，我聞得到你阿公天上來的天香，我就這樣洗過很多歲月。幻覺來時，你阿公如在水中央，很快又在水一方了……但是野薑花十分癡情，花香一直都在，淡淡地、淡淡地，像老火車仆仆輕嗆、仆仆輕嗆，椎敲我的心！

厝邊頭尾的中年阿姨們都喜歡來這條人造的有情溪，一邊洗衣服一邊聽阿嬤帶她們說故事，野薑花像早熟的少女，殷勤地放香……一年比一年香，一年比一年得寸進尺！它就是這麼野的香給有情人。我總是蹲在這一群女人堆中，兩隻小手托著腮，聽阿嬸、阿婆、阿姨說東家長西家短的故事，她們經常說得笑得樂不可支，但是，還是阿嬤口中阿公的故事好聽。聽著聽著我就長大了！野薑花阿公阿嬤，也生了好多子子孫孫。

猶記得升小二那一年，放假日沒事，我又蹲在洗衫溪聽女人們快樂地開講……三八阿琴仔嬸，驚天一問：「阿娥仔婆你怎麼這麼貞節，換作阮老猴若死，我半暝就對人走了……」洗衫溪笑成了洶湧的高潮，阿嬤文文仔笑：「阮尪人走，香留著……」整條溪瞬間死寂，只聽得到捻衫褲的聲音。

整排的野薑花兀立著，溪聲唱著野薑花的回憶……

（高中會考字數宜酌刪為七百至七百五十字之間）

這樣的題目，高中生、國中生、小學生，不是每個人都可以寫嗎？都應該有機會寫過，而且每個人都可以寫得不一樣。可惜，考場上的考生寫出來的大多是千人一張臉，這種結果其來有自，值得我們深思。這個題目有幾個要點：第一、花草樹木的氣味（嗅覺）；第二、記憶；第三、感受。目的在檢驗考生的記敘、抒情、描寫等綜合能力。

也許你會認為這是大學學測的國語文寫作能力測驗的題目，對象是高中生，兩者不相干。我們來看看，一一〇年大學學測「國寫」：「如果我有一座新冰箱」和一〇九年高中會考「寫作測驗」：「我想開設一家這樣的店」。這兩題都是想像型的作文，其實性質是一樣的，不要不信邪！

如果你覺得力有未逮，如果你想脫胎換骨做自己，如果你想擺脫框架式寫作的套招手法。《笨作文》帶領你從自己出發，寫出自在的文章，《笨作文》帶領你自己大作文章，讓你開開心心妙筆生花。

林明進【建中一叟】於大塊齋二〇二三年立春

《笨作文》，不怕笨

《笨作文》是一本針對國中會考「寫作測驗」而設計的應考神奇策略！準考生要馬上看。作文沒有固定方法，不是沒有方法，本書幫你自己開發自然而然的寫作力，每一個人想要脫胎換骨，就要寫自己想寫的、會寫的、愛寫的。不怕笨的跟著《笨作文》來，丟掉範文，丟掉框架，丟掉套招，不信應考作文力喚不回。

方士徐福率三千童男童女到蓬萊仙山，並沒有發現秦始皇要的藥，那個一心想要長生不老的皇帝，等不到，飲恨走了！等了也是白等。林老師帶領你尋自己作文的山，一定能找到國中會考「寫作測驗」的藥，大家一心想要刮目相看的成績，笨作文讓你做得到，學了不會白學。

《笨作文》不只是提供老師教學生應考作文的教材，《笨作文》希望爸爸媽媽可以拿來教子女，哥哥姊姊可以拿來教弟弟妹妹，程度好的準考生可以以之自學。這裡沒有一篇範文，只教你靈感與創意，只教你寫作策略與章法布局，只教你訣竅與應考之鑰。《笨作文》給的是釣竿，不給你現成的魚或者魚罐頭。等你領會釣竿哲學，就無處不魚，就處處可漁，作文自然就處處有餘了。

如果你有一套完整的作文學習歷程，那十分恭喜。想當然耳，國文科的「寫作測驗」，你一定是十拿九穩，等著大放異彩呢！因為作文這玩意兒，投機不來，也僥倖不得。作文的槍有十足的火力，就不怕任何的挑戰。作文是靠實力得高分的，有多少麵粉，就能做多少饅頭。

如果你的寫作概念一直模模糊糊，若有還無。沒事兒，那也有解藥。腳踏實地的按照本書的藥方子，一題一題的模擬練習，水一到渠就成，天下沒那麼難的事兒！因為作文有它的遊戲規則，一旦你抓到門道，開了竅就海闊天空了。順著作文的海洋，有節奏的婆娑起舞，你就能體會文章的性情。作文的麥子種對地方，就會長出一望無際的麥田。

五十分鐘寫一篇應試作文，聽起來不容易。可是臺灣的九年級生，驍勇善戰，人人都運筆如飛，硬是一氣呵成，多數都能「洋洋灑灑」寫一大篇，這是臺灣考場的奇蹟！這麼說比較能反映事實現象：「速度是閉著眼睛練出來的。」

五十分鐘寫一篇好文章，事實上不容易。臺灣國中會考作文考試現場，內行的人都知情，很多考生要嘛不是瞎掰鬼扯，以「寫得多」以為勝；要嘛就是套招套路寫作，以「寫得對」以為優。嚴格來講是慘不忍睹的多，感人肺腑的少。這是臺灣考生的奇蹟！這麼講比較能找出病灶：「頭痛醫腳，作文沒有對症下藥。」

◎　◎　◎

任何一種專業技藝，都必須腳踏實地一步一步練就其中的訣竅，好比立正要領——「聞立正口令：兩腳跟靠攏併齊，腳尖向外分開四十五度，兩腳挺直，兩膝靠攏，上體正直，微向前傾，體重平均落於腳跟及腳掌上；小腹微向後收，胸部自然前挺……」，君不見，從腳到頭，每一個動作都有要領。閉起眼睛想想看，你的作文基本概念有多少？你的寫作技巧有哪些？你也許從來沒有發現，你的寫作靠的不是禁得起檢驗的自然而然、真情流露、論理精闢、訣竅技巧，竟然是一成不變的死套公式。你有沒有發現：你的每一篇文章寫法都一樣？如果不幸而言中，那我們敢這樣對你說：「寫得好是偶然，寫不好是必然。」

只要嘴巴會說話，就能用語言達到溝通的目的；為什麼換成筆來說話，你的作文卻寫得離離落落？這種結果是不合理的。也許你早就認定自己是那一堆不會寫作文的可憐人？過去也許你拿起筆來就有無限心酸，寫了傷心，不寫傷肝，原因是胡謅了一大篇，自己很清楚：分數能有若干？話說回來，只要你寫作觀念能像蹲馬步一樣，扎扎實實的，有十足把握地立於不敗之地。你一定可以發現：你也有機會寫出感動人心的好文章，你也可以是六級分的候選人。

◎ ◎ ◎

《笨作文》三十篇的作文大菜，題目都是師大心測中心不斷研發的測試題。題題都有代表性，題題也都不新鮮，到處都可以看得到。問題是你寫了半天，都寫得讓自己滿意嗎？我想這才是重點，這麼說可能也某種程度堵了你的心。作文不能速食，這是路人皆知的事。可是，如果我們化繁複為簡單，以傳統古早的寫作軌道為經，結合現代的寫作需求為緯，創造出馬上有效的寫作大法，你願意跟著出類拔萃嗎？如果我們一步一腳印的教你按圖索驥，把寫作的精華，濃縮冶煉，熬成原汁原味，滴滴精純的神奇寫作湯，你真的不想神奇一回嗎？

《笨作文》是一本實戰演練的寫作大法，是針對國中會考脫胎換骨的應考策略，林老師我是個糟老頭兒，建中養我三十餘年，也是一個不折不扣的典型教書匠，對於寫作點子的開發有健康而豐富的經驗。人是老了，總覺得自己還是一把可以用的刀，寶刀都是要贈英雄的，後生可畏，各位注定都是英雄。所以，雖是野人獻曝，我也就憑著那麼一丁點兒「鉛刀貴一割」的酸腐餘勇，大言不慚地給小弟弟小妹妹們看看，我們這個世代蹲馬步寫作功夫的家法。成不成，還得請大家給個分數。不然，拍拍手也行。

會考的號角不遠，讓本書帶領你磨礪你的筆刀，一揮就是削壁千仞。

會考的戰鼓頻吹，讓本書帶領你磨平你的戰袍，一震就是豪氣干雲。

《笨作文》標榜的就是要讓你「馬上」操作，一看就懂。本書的編撰體例，是以運思的完整步驟。讓你接到一篇作文題目，從審題、立意、構思、選材、布局，到直接進行寫作，能快速養成一套具體有效的實戰策略。脫胎換骨靠大家，作文成就你獨享。你只要跟著依樣畫葫蘆，有耐心有信心的揣摹，這本書有把握讓該綻放的花盡情的開，讓該流動的雲放鬆的飄。你要馬上成為寫作高手！

《笨作文》的作文大法，從這樣開始——

馬上審題：審題要有真功夫，大處小處不馬虎，題目不能模糊，題意務必清楚。

馬上立意：建立文章有靈魂，一新耳目找竅門，靈感激盪乾坤，開發創意真神。

馬上構思：構想思考畫藍圖，四面八方找思路，統整全篇脫俗，設計變化自主。

馬上選材：素材求精不求繁，篩選貴嚴不貴多，選對不如選好，選俗不如選新。

馬上布局：起承轉合不呆板，有鳳首有豬肚也要豹尾，有章法有安排也要謀篇。

◎◎◎

坊間的作文書滿坑滿谷，大多以模範作文為核心，臺灣頭到臺灣尾如此，大江南北，東西胡越，滿分作文堆積如山。這樣所提供的速食寫作，讓想學好作文的考生，像吸毒一樣，不知不覺就上癮了。名言佳句是背來的，例證故事是移花接木來的，有些考生索性就囫圇吞棗背起範文來了。所以，不同縣市、不同學校、不同學生寫出來的作文竟然都是一樣的。《笨作文》沒提供任何優質的範文，讓考生一次到位，寫自己想寫，寫自己要寫，寫自己會寫。憑你自己本事寫出來的文章就是你的最佳範文。每一個考生以自己的經驗或想法寫出來，每一個人寫的就會跟大家都不一樣，這樣才算得上是真正地「培養自然而然的寫作力」。若只是為了應考作文而完全套公式進行寫作，這樣的文章是沒有生命的！文章要寫得「自在」，先得要問文章當中「自己」的寫作生命在不在？

《笨作文》反對這種數十年來的作文遺毒，《笨作文》反對這種追求標準答案的寫作手法，《笨作文》反對這種寫出來都不是自己想寫的文章，《笨作文》反對這種人云亦云、想當然耳的僵化寫作。

《笨作文》有三個理論：第一、水果理論：任何水果的成長，都是從零開始的；第二、醬油理論：醬油的發酵與醞釀，必須有完整的過程；第三、駕訓班理論：學開車都是分項練習，並非一蹴可及的。

本書就是根據這三個理論為基點，濃縮運思的幾個步驟，一步一腳印，提供多元多樣的思路刺激。讓考生從自己的經驗出發、從自己的思考出發、從自己的議論出發、從自己的文句出發。結合你的國文教師，為你平日打底的作文基本功，修辭句法的巧妙應用，長句與短句搭配、對句與散句搭配、排比句與類疊句搭配……其餘諸如譬喻句、象徵句、轉化擬人、誇飾婉曲……文章如何過渡、如何銜接、如何呼應、如何剪裁、如何精美優質、如何周密完整、如何記敘描寫……這些基本寫作元素，你都應該踏踏實實跟著國文老師配合。

◎◎◎

神奇，不是異象。我們要用最簡單的方式，引領你創造自己該有的驚奇！
神奇，不是僥倖。本書要用最結實的手法，開發你揮灑自己該有的新奇！
神奇，不是仙丹。本書要用最自然的藥方，打通你尋找自己該有的傳奇！
神奇，不是賣弄。本書要用最有效的舞步，曼妙你婆娑自己該有的出奇！
神奇，是幫你開發你的神你的奇，這個高妙在你心中。

神奇，是幫你發現你的天你的賦，這個力量在你身上。
相信自己的神奇，本書只是借力使力！
相信本書的慧眼，神奇要從自己開始。
太陽雖好，你還是得親自去曬，來，一步一步跟著《笨作文》來。
林老師說——
孩子們，看得出神也好，寫得出奇也罷，應考作文是可以有功夫的。
神奇吧！

《笨作文》這一套考前寫作策略的編寫體例，是根據正統寫作觀念所匯集的精華，精神上既照顧到了寫作的硬裡子功夫，技巧上也整合了各個大小的環節。你只要肯從「零」開始，在實兵演練的基礎上，認真「筆」劃「筆」劃，每一支筆都有每一支筆的天空。天下沒有白吃的午餐，也沒有走不出的胡同。自己的作文自己救，自己的道路自己開。

本書已幫你發現作文的寫作天堂；

你也要幫你發現作文的寫作天賦。

六級分的能力，你不但可以發心；
六級分的夢想，你當然可以發願。
六級分的圓滿，你一定可以發憤。

這一切就從《笨作文》開始！
《笨作文》，不笨。

林明進【建中一叟】於大塊齋二〇一六晚秋

笨作文——實戰篇 1

題目：「從陌生到熟悉」

說明：也許是來到一個全新的環境，從分不清楚東西南北，最後對所有的巷弄瞭若指掌；也許是加入一個團體，從剛開始找不到對象說話，到漸漸認識志同道合的朋友，暢談彼此的夢想，也許是接觸新事物或者學習新技能，從獨自摸索，反覆嘗試，到終於駕輕就熟，而有深切體會……從陌生到熟悉，其中有著苦甜的滋味，也帶給我們許多思考。請以「**從陌生到熟悉**」為題，寫下你的經驗、感受或想法。

馬上審題

一、「從陌生到熟悉」，這個題目從字面上看，「從……到……」，這是一個要求敘寫完整過程的命題，用「從小到大」或「由淺入深」等類似概念來理解，更清楚。

二、「從……到……」，要認清兩者之間順向的發展性，只能由「從」寫到「到」，不能反過來寫；至於只寫「陌生」、或者只寫「熟悉」，這也都不夠全面，尤其是「到」，有「完成」的意涵，一點都不能馬虎。

三、從本題而言，「從陌生到熟悉」，就是「由生到熟」，要注意：自始至終焦點要放在一件事的層遞關係，目標很準確。

四、引導文字的最後一節，指名「以『從陌生到熟悉』為題，寫下你的經驗、感受或想法」。所以寫作文體的選定，宜以記敘兼抒情為上，其次是：記敘、抒情兼說理，再其次是：記敘兼說理。全以論說文體來進行寫作就大事不妙了。

馬上立意

一、這個命題很清楚，立意的焦點要集中，不管主題的核心要寫什麼，一定要鎖定在從「陌生」寫到「熟悉」。寫人敘事最後都離不開「自己」的經驗，自己的經驗最鮮明、最具體、最有把握，也最有獨特性，至少不會和別人的卷子重複。

二、如果命題是「陌生與熟悉」，和「從陌生到熟悉」就不一樣。「陌生與熟悉」這個題目可以有各種寫法，它可以包括「從陌生到熟悉」的寫作手法。但是，「從陌生到熟悉」若寫成「陌生與熟悉」，就很容易寫成以套路為主的泛泛之論，寫成「並重關係」、「對立關係」、「偏重關係」，這篇文章就只有死路一條了。

三、就本篇而言，建立文章的主旨，首先要考慮「寫下你的經驗、感受或想法」這個「你」就是考生/「我」的立場、「我」的經驗。這是最佳選擇，同時也是唯一選擇。考生如果寫成你、我、他的第二人稱/「你」，或第三人稱/「他」都不宜。因為這個「你」就是「我」，也就是「考生你自己」，這一步若沒抓好，整篇文章就很容易偏題或離題。也很容易游談無根，寫出不痛不癢的文章來。

四、引導文字中的提示，其實已經為考生開出三條敘寫的路。應考時，如果沒有特別的靈感、創意，從這三個具體的引導區塊進行立意的抉擇，也是十分保險的。其實只要做到擷取自己生命經驗的故事為重心，自己認為最刻骨銘心、自己認為印象最深刻的經驗入題，文章就有可能大放異彩，也自然而然與眾不同。進行寫作時，必須交代人、事、時、地、物，文體以記敘、抒情、描寫為原則，再加一部分的說明文也行。

五、例1：「來到一個全新的環境」，可以考慮「搬家」、「遊學」、「新生訓練」等。例2：「加入一個團體」，可以考慮「隨父母禪修」、「上教堂做禮拜」、「學校社團」、「社區讀書會」、「圖書館志工」等等。例3：「接觸新事物，學習新技能」，可以考慮「合唱」、「樂器」、「口琴」、「小提琴」、「太極拳」、「橄欖球」、「古箏」、「象棋圍棋」、「編織」、「打毛線衣」、「校外寫生」、「拍微電影」等。

六、就立意而言，要明確而精準地抓緊主題，掌握人事時地物，從記敘故事作為集中焦點的旨趣，再以自己的情感出發，發揮真切動人的情愫，比較能呈現這篇文章的感染力。

七、記敘「事境」、「人境」、「時境」要翔實賅要，描寫「景境」、「物境」要細膩優質，然後再自然而然切入「心境」、「情境」的轉折變化。展現最美、最真、最豐富、最鮮明、最感人的畫面。

馬上構思

一、引導文字中三個「寫作方向」的提示，可以看作是「立意」的引導，如果單就這三個部分來作構思訓練，在「從陌生到熟悉」的命題下，我們試著來構想思考一番，扮演好文章設計的細部規畫。

二、「全新的環境」：以「搬家」為例，新的社區、新的生活環境、新的鄰居、新的上學路線，是文章的基礎項目。可以就新家的外在環境進行敘寫，寫靜態的社區印象，一切從零開始，寫你真正看到的，才會寫實而有畫面。寫動態上鄰居互動的不順困難、交通不熟悉……（根據實際的生活材料，擇要記錄）。舊家與新家的鮮明對比是個好的鮮明觸點，從老鄰居的熟稔、純厚與不捨，對比新鄰居的陌生、疏離與冷漠。然後就陌生到熟悉的轉變過程，進行細膩的刻畫，寫互動的經過，著重具體情節的處理，情感上從生澀到溫馨到熟悉的心路歷程，都是值得發揮的寫作空間。把握時間空間的轉變↓生活真實面的經歷↓內在心境的突破。透過自己流利而自然的筆調，力求真切、真實、真情的外在與內在的寫作元素。

三、「加入新團體」：以「打禪七」為例，假期隨著母親到某某禪寺「打禪七」，這一回完全顛覆了寺廟梵音滿山的印象。一人一室，不能說話，雖然能閱讀佛經經典，對於一向活潑好動的我，善與人交談聊天的性情，受到極嚴峻的考驗。一開始面對比丘、比丘尼，禪寺、梵唱、素食、打坐、閉目、閉口，到沉澱與不安的交戰、呆滯與省思的進化、外求與內求的審視自明。從不適、陌生、恐懼到漸漸融合、投入。可以寫「堅忍」、「淡定」、「等待」、「平靜」等等的心境變化。最後禪修圓滿，佛心自明。寫景、敘事、抒情、體悟都可以兼顧發揮；「到」包含了很多可能性，根據自己熟悉的心得，述說打禪七的心靈雞湯。

四、「接觸新事物或學習新技能」：以「合唱比賽」為例，班上五音不全的頗不乏其人，加上規定全班都必須參加。面對陌生而嶄新的比賽活動，有的沒有合唱經驗、有的不喜歡這種班級比賽；表現消極、被動、敷衍、漠不關心，經常有人缺席。「分部練習」一直處在陌生狀態，沒有什麼進展，眼看著比賽日愈來愈近，最後仰賴班上同學哥哥仗義相助，義務整合訓練，密集特訓。最後榮獲指揮特優、伴奏特優、合唱特優。全班凝結團結氣氛，從此以後，各種班務都能有效推動，同學如兄如弟，整個班風就熱絡起來了。

馬上選材

一、從引導文字最後一節的「請以『**從陌生到熟悉**』為題，寫下你的經驗、感受或想法」。可以確定本題「不宜」全篇以論說行文，宜以記敘一段經驗為主體，再兼及其他。

二、**日常生活型素材**：

以「新生入學」為例：來自各個不同學校的新生，從陌生的校門開始，一切是新的，也一切都是陌生的。一張張不熟悉的臉孔，嚴肅、板滯、木訥、無言，千人一個樣。秋老虎炙燒整個校園，熱汗直冒，汗滴斗大如珠，放眼望去，新生穿著國小原學校的制服到校，校園充斥著冗雜的色調，人濕了、衣服濕了，整個校園彷彿全驚濕了。熱在蔓延，陌生在升高，魚貫而入，陌生不斷地在排隊，魚貫而出，陌生移動著陌生……第二天新生訓練，自我介紹、選舉班級幹部、老師講話……笑聲來了、說話聲多了、打招呼示意的手勢、友善的眼神全來了……接著隨著個人的經歷，可以依照點線面的發展，有鮮明的故事，有變化多端的情節，透過人事時地物的綜合運用，進一步發展出：由「陌生到熟悉」的情感變化。喜怒哀樂的情感表現由考生自己決定，最理想的素材往往是自己刻苦銘心的經驗。

三、**離鄉背井型素材**：

以「異地求學」為例：因為求學之故，離開自己熟悉的家鄉，從鄉村↓都市，從平凡、寧靜、簡單的生活，寫到嘈雜都市的車水馬龍、摩肩擦踵，多元多樣，重點放在「陌生『到』熟悉」之間的心理轉換與適應變化，也可以進一步發展寫到自己學習成長的蛻變，連結「陌生」到「熟悉」的深切領悟。

四、**學習型素材**：

以「籃球夢」為例：自己一直沉醉在ＮＢＡ神乎其技的籃球世界，既熱愛又好奇，從跟隨社團教練學習基本動作的基本功開始，才知「球」不只是「圓」的變化多端，「球」還是陌生的深奧技術。苦練再苦練，堅持再堅持，經過有計畫有步驟地反覆練習，潛心摸索再按圖索驥之後，慢慢開竅的成就感漸漸形成。進而闡述在籃球夢的苦練期間，曾有低潮、有停滯、有遲疑、有沮喪的心路歷程；然後從心中思索、沉澱、超越，點出自己對未來的期望。「從陌生到熟悉」，代表人生奮鬥的過程，最後領悟到「熟悉」並不代表「結束」，也不代表「成就」，一生的學習都要精益求精的人生觀。

五、社團型素材：

以「樂旗隊」為例，對樂旗隊社團整齊劃一的隊伍，十分羨慕；雄壯威武的室外行進演奏，十分嚮往。可以從內心驚豔到陌生，躍躍欲試到膽怯的複雜心理作細膩的刻畫；接著對選擇的樂器進行「初鳴」，嘈雜失準、抓不到發聲的節奏，學長嚴厲的教導，完全不知和諧之美的窘境，描述學習之初的陌生、難堪；經過一再嘗試、苦練，慢慢摸索領會，學長社員攜手互勉，走過低潮，終於漸入佳境，領略熟能生巧的滋味。沉浸在陶醉忘我的音樂世界，能高妙曲折地詮釋銅管樂器的騰躍飛舞。從仰慕↓陌生↓膽怯↓困境↓突破↓自信↓熱愛的心理轉折，以及沉醉在管樂世界的快樂心情、深刻的體悟，有層次、有計畫地鋪寫。

六、成長探索型的素材：

（一）職涯的探索：以「我選擇職校」為例，當大家都在為普通高中前三志願的選填而懊惱時，我卻為著職校的「電子科」、「建築科」或「畜牧科」而傷透腦筋。

由於父親驟逝，為了及早進入社會，為了替家庭分勞解憂，我毅然決然選擇了職校。從來沒有想過要讀職業學校，所有科別都不是自己原先的規畫。陌生的學習領域、陌生的學習方式、陌生的未來、陌生的理想……從零開始探索，從零開始認識，一直到和藹可親的老師出現，陌生感降低，開始有信心探索職涯。文章的中幅之後，敘寫「從陌生的熟悉」的變化與結果，勇敢地走出自己的人生。

（二）**遊學生涯的探索**：以「異國遊學」為例，不管哪一個國家都可以入題，從「格格不入」到「漸漸融入」。敘寫接觸異國文化的恐懼不安和困難險巇，然後找到「入境問俗」→「大開眼界」，從「陌生」→「熟悉」。

（三）**以「母親的故鄉」為例**：敘寫離開熟悉的生活環境——臺灣，初次造訪母親越南娘家的陌生無措，以及漸漸受到越南親戚吸引後的細膩觀察，進一步表述和同年齡建立情誼的經過，幾天後打成一片，到處遊玩探險，最後發抒終於熟悉越南，融入異國情調的感受與體悟。

七、自我心路歷程剖析型：

以「心路歷程的呈現」為例，自己是世上最熟悉的陌生人，每天看周遭的人，十分熟悉，自己看自己卻十分陌生。這一類素材以探析自己的性情，為主要的焦點。

時而膽怯，時而暴躁，時而積極，時而怠惰，時而悲觀，時而高亢，時而跌落谷底的複雜內心世界，做曲折而寫實的描述。希望自己樂觀進取、陽光熱情，最後透過與自己內在真實的對話，確定抓得住自己，也十分欣喜為方向。所以，經常陷入矛盾兩難的世界，自己是最熟悉也是最陌生的人，從此以後，經常反省、檢視，從嘗試→挫敗→覺醒→奮起，整體的心路探索，應該有很好的寫作想像空間。經過時間的淬鍊、陶冶，自我的調整、修正，從苦悶→愉悅，從怯懦→膽識，從現實→理想，終於體會做自己之道，自己變成最熟悉的自己，活出自己的一片天空。

八、以物投射的手法：這種寫作手法是透過事物的投射，象徵內在的情感世界或神祕的色彩。

（一）以「**一隻流浪狗**」為例，以一隻流浪狗入題，象徵自己內心在流浪。觀察一隻流浪狗「小黑」，面對環境的緊張、壓抑、陌生，稍一靠近，他就退縮、遲疑、後退，丟給牠食物，牠也不搭理。想到自己也是如此，對陌生的人事時地物，牠總是拒人於千里之外，無法接納別人的溫情、關懷，自己一直是無法安定的流浪者。有一天，一直在公園附近活動的流浪狗，腳跛了，不太能走，爸爸給牠安撫，給牠肉吃，「小黑」竟然乖乖地讓爸爸抱入籃內，送去動物醫院就醫，後來「小黑」

就成為我家的一份子了。原來內心流浪是自己疏離於人情之外，是自己自外於人生世界。我領悟到了「陌生」、「熟悉」原來是自己決定的。

（二）以「**牆角一隻貓**」為例，發現牆角一隻孤獨的貓，瞬間牠就弓起了背，馬上進入緊急狀態。不覺然投射出幾年前父母因為工作的關係搬家，而感受到陌生、疏離；進而合寫自己與貓之間的互動，細膩刻畫，相互熟悉後，關係漸漸有所改善。貓總是跳躍在家與家之間，在牆外與牆內遊走，自己搬到新居，也沒有勇氣主動建立新關係。後來，自己給貓咪幾隻小魚乾，我往後退了幾步，不久，貓咪小心翼翼地叼起小魚乾，銜著往牆上走，牠時不時回頭望著我。從此，貓與我的關係漸漸改善，忽然頓時覺悟，自己面對新居的鄰居，主動性不足，熱情度也有待加強。引出自己對居住環境的心態與變化，接著任由發展，敘寫「從陌生到熟悉」的過程，最後發抒自己發自內心的情愫，以及內心世界的體悟。

馬上布局

一、「從陌生到熟悉」是個開放型的命題，沒有事件的限制，沒有對象的要求。進行布局時，必須搭配「立意」、「構思」、「選材」一貫作業。這是考生第一個要認清的問題。

二、這個題目不適合以論述手法進行寫作，傳統來說，這個題目不要以論說文的布局手法進行寫作。以論說文進行寫作，就違背了本題的要求與目標。如果沒有引導文字的提示、要求，這篇題目以論說文行文，是行得通的。

三、這篇應考作文的應考策略，要注意描寫文的巧妙運用。描寫文字的成功與否，會直接影響整體的寫作印象，考生不要等閒視之。至於記敘文的故事情節，更是攸關本題成敗的關鍵。

四、情感的融入或對於道理的體悟，是「從陌生到熟悉」這篇文章的另一波高潮，也是文章最後的昇華，文章最後能不能成為讀者或評委最熱切的讚賞，端看這最後的臨門一腳。

五、這篇「從陌生到熟悉」的基本布局如下：

第一：可以從描寫文開頭，寫人寫物都行，然後記敘事件故事，巧妙發揮引人入勝的漂亮情節，最後再抒發真切的情感或說明自己體會的道理中結束。

第二：也可以直接從記敘事件開篇，以事件為核心，刻畫為輔，進行寫作。然後以感受的「情」或體悟的「理」收束。

第三：也可以記敘與描寫雙管齊下，交錯運用，開啟引人入勝的畫面，最後再以情感或以道理結尾。

第四：這篇文章也可以一起筆就以綿密的抒情入手，然後採用倒敘的寫作手法，結合記敘「從陌生到熟悉」的人物、事件或事物，發揮高妙細緻優質的生花妙筆，將描寫文字做優美的呈現。最後再以「情」、「理」作結。

笨作文——實戰篇 2

題目：「我要成為哪樣的人」

說明：每一個人對自己會有些期望，希望自己像德雷莎修女一樣悲天憫人，希望自己像顏回一樣好學深思，希望自己像諸葛亮一樣足智多謀，希望自己像比爾蓋茲有創意又多金。你希望自己可以成為什麼樣的人，請寫出對自己的期望，並說明原因。

馬上審題

一、題目：「我要成為哪樣的人」，「我」是主語，「成為哪樣的人」，是「關鍵句」，「哪樣的人」是文章的眼睛。以最嚴格的尺度來看：「哪一個典型人物，是我最嚮往的對象」，是最精準的判讀。

二、整體來說：從寬來講，「我想要成為什麼樣的人」、「我想要成為哪一種人」可以成立；從嚴來說，「我最期望像哪一個人」，比較切題。只要你寫得好，寬也好嚴也罷，大致來說，都是可以放手去寫的。

三、這個題目跟「我的志願」、「我的嚮往」等大同小異，都是同一類的。可是「我的志願」、「我的嚮往」，如果是命題作文，它的範圍就很寬，你海闊天空怎麼寫怎麼行；本題「我要成為哪樣的人」，就題面而言，它鎖定在「人」的範疇，所以「限制性」就高了，反而「我的偶像」，比較接近本題的題意。

四、由於「說明」欄中的引導文字，很具體的列舉出古今中外的典型人物，所以，有一個心目中仰慕或效法的對象，來做為追求與期望的例證，是最安全的審題。可是，如果不從人物做為焦點，改以他所代表的典型形象做為寫作的核心，當然也是不會離題的。就文體的判讀而言，記敘與說明兩種文體的結合，是比較合適的安排。

馬上立意

「我想成為哪樣的人」，可以分成三個思考角度來建立它的意旨。

一、以古今中外的典型「人物」為假想目標來做為立意的基礎，寫作的重點可以偏向於人物的「具體事蹟」去發展，再結合自己的期望進行寫作，「記事」是主要的考量。

二、以古今中外聖賢名人的「人物形象」，再結合自己的期望，做為全文意旨的重點，那麼這個人物他在他的領域中的「價值」，就成為你本篇寫作的主要旨趣。

三、綜合上述一個人物、兩種思維的評斷，做為自己學習、追求或仿效的對象，結合自己最想完成的理想形象，也是一種選擇。但是要注意全文篇幅的整體性安排，主意豐富了，文字的精簡就變成很重要了。

馬上構思

一、本題如果打算以「人」為例，那麼人物的選擇就變得很重要。第一個要消極性的避開多數考生不加思索又慣用的標準例子。並不是人物不好或不對，是浮濫化又標準化，所以，一成不變的套用，無形中會走入俗濫而渾然不知。所選取的人物偶像，你必定要有全面性的了解，才能有既深且廣的發揮，你的「期望」才能扣緊，也才會鮮明的表述清楚。政治家、文學家、藝術家或哲學家，比較容易贏得青睞。

二、如果打算以崇高的理想形象進行構思，可以闡述自己的核心價值，以及對於未來人生的自我形塑出發，以敘說自己理想人格的追求，做為思考的中心。例如：以「悲憫關懷的宗教家」、「為人民謀幸福的政治家」、「追求榮譽的軍事家」、「遏惡鋤奸的司法巨人」、「冒險犯難的英雄」、「知足常樂的文人」、「滿腹韜略的謀士」、「高瞻遠矚的思想家」、「主導經濟的財經專家」、「嘯傲山林的高士」、「淡泊恬靜的處士」、「陶醉田園的詩人」、「浸淫藝術的工作者」、「為民喉舌的正義之士」、「創造企業王國的產業領袖」……等崇高價值的形象為構想思維的主軸，也是個好選擇。

三、第三種選擇是兼顧到「人物」和「形象」，這樣寫比較周延，扣合題目「我要成為哪樣的人」，也會又具體又深入。但是要注意，在敘說和記事之間要取得平衡，因此，對於所仰慕的人物，記載要鮮明扼要，不要拖泥帶水；闡述自己的主張，也要簡潔扼要又不失明朗。不要寫得又臭又長，反而造成鬆散、拉雜，那就適得其反了。

四、除此之外，從自己訂做自己的角度來定調，以想像性的思考，來發抒或說明自己最想成為什麼樣的人，其實也可以有很新穎的寫作空間。

馬上選材

一、從引導文字中的例子——希望自己「像德雷莎修女」、「像顏回」、「像諸葛亮」、「像比爾蓋茲」——等等可以得知，原命題所列舉的都是赫赫有名的人物，有聖人、賢人、偉人、大企業家。所以，如果你打算從這些古今中外的典範人物去雕塑未來的自己，那麼這些偶像比比皆是。進行選材的第一步，你一定要先確定大範圍，諸如：政治家、文學家、藝術家、宗教家、企業家、思想家、韜略家、運動家、軍事家……第二步再從古今中外自己心儀的對象，來跟主題做緊密而適當的連結。選擇這個對象搭配入題，對他具體的德行或義行，你一定要很熟悉，這樣寫起來才會真切動人。寫作的重點，可以放在這些典範「人物」的歌頌。

二、如果你想把焦點擺在「悲天憫人」、「深思好學」、「足智多謀」、「創意多金」……決定從典範人物的「形象」、「德行」入手，那麼敘說你所選定的形象內涵，是闡述自己想成為哪樣人的要點，關鍵要擺在對這種「形象價值」的肯定與追求，要說得頭頭是道。以夾敘夾說的筆調來寫，比較適當。內容上你還可以有更多的選擇。比如說：「有為有守」、「民胞物與」、「希聖希賢」、「知所進退」、「謙沖為懷」、「自然無為」、「縱橫捭闔」、「為民喉舌」、「懸壺濟世」、「領袖群倫」、「公正嚴明」、「慈悲度人」、「允恭克讓」、「胸懷天下」……

三、第三種選擇——就是完全從引導文字中：「希望自己像德雷莎修女一樣悲天憫人，希望自己像顏回一樣好學深思，希望自己像諸葛亮一樣足智多謀，希望自己像比爾蓋茲有創意又多金。」這種選擇會是多數人的趨向，可以說是前兩項的綜合組合，照理說是最得體的選擇，可是卻是學生最不容易寫得精采的一種。失敗的原因是：大部分同學會「兩邊」都隨便說一說，不痛不癢，寫得不深刻。想要寫得好，第一要精準，第二要貼切，第三要情理合宜，第四要不卑不亢。同樣的，以這四個例子為基礎，你可以海闊天空有很多的選擇，新穎而不落俗套，是比較好的考慮。例如：政治人物——「張良的功成不居」、「伯夷叔齊的讓國」；大文豪——「蘇東坡的放曠豁達」、「李白的浪漫瀟灑」；經營之神——「王永慶的勤儉管理」；小巨人——「周大觀的生命情懷」……

四、你也可以跳出這個框框，單純的以尊貴的個人化理想，從雕塑自己入手。例如：「快樂的田庄兄哥」、「與海為家的討海人」、「知足的平凡百姓」、「擁有十萬大軍的養鴨人家」、「自由自在的計程車司機」、「悠閒自得的牧場主人」、「人見人愛的幽默先生」、「雲遊四海的旅行家」、「行吟名山大川的詩人」、「自由創作的音樂人」、「傳播福音的牧師（神父）」、「簡樸度日的公務人員」、「翱翔天際的飛官」、「與黑板為伍的老師」、「舞臺上出神入化的演員」……

馬上布局

一、這個題目的謀篇布局，要抓住兩個點：第一是「我」，第二是效法「哪樣的人」，兩者之間要完全扣緊。「我」的部分要結實的表白「我的期望」。至於「成為哪樣的人」，計畫以敘事為主，就選擇一個典型的人物做襯托；計畫以說理為重，就以某一個「德行」為重心，來和「我」完成美妙的連結。兩者兼顧就夾敘夾說，以自己和典型的人物、價值相互搭寫，記得要面面俱到，不要犯了蜻蜓點水的毛病。

二、不管你打算以什麼手法來經營這篇文章，都可以善用演繹法與歸納法，讓文章合情合理。以闡述一種「德行」為重心，你可以列舉很多同質性高的人物進行「類比」，發揮你理想人生的規畫；或者把很多事功相接近的人物歸納起來，建構出你最嚮往的一種典型形象，讓「我的期望」做到具體化、形象化。

三、究竟你要以一個「人物」或一種「德行」為行文的主軸，還是要以幾個「人物」或幾種「德行」做為全文的主要內涵，全看你的需要來做決定。以一個主題的寫法，內容比較完整，寫作也比較能一氣呵成，首尾的銜接也可以自然圓合；但是，如果你的寫作能力不理想，以多種材料進行組合，構成豐富多樣的文章，也是藏拙的好方法。

四、文章一開頭，你可以立即點出全文的重心——我期望成為哪樣的人，然後敘說這一類人的形象、特質、價值，接著轉說自己的志趣與人生追求，再就兩者做合理自然的綰合，「我要成為哪樣的人」，就有了鮮明完整的形象。你也可以以說理開端，對所嚮往的人物形象與價值先作總說，次段以後再翔實記述「人物」或闡述「人物的德行」，接著以「我」與「典型對象」並說，最後以自己心儀的對象或德行作結，從契合到效法，為全文做完美的結束，也是個不錯的布局。

笨作文——實戰篇3

題目：「當一天的老師」

說明：求學至今，你遭遇過許多不同的老師，如果請你當一天的老師，你會做些什麼？是在家政課上，安排學生服裝表演？還是帶領學生進行戶外教學？或者是整天都面帶微笑，不責備學生？……請寫出你的想法與做法。

馬上審題

一、「當一天的老師」——「當」是動詞；「一天」是數量詞，也是限制詞；「老師」是名詞，也是最關鍵的文眼。「一天」是限制的寫作範圍，離開了「一天」，或者寫成兩天三天，就有離題之虞；「當老師」則是本篇題目的寫作重點。

二、題目「當一天的老師」，可以「實寫」，寫一次自己當老師的經驗，隨個人不同的人生經驗，只要是偶然當老師的一天經驗都可以入題，從這樣的角度審題，寫作材料自然就五花八門，什麼都有；也可以「虛寫」，想像自己有機會當一天老師時要怎麼當老師？或者明白請你當一天老師，你會怎麼做？從題目「**說明**」的要求——請寫出你的想法與做法——仔細推敲，這個題目比較適合從「虛寫」的角度進行思維。所謂「虛寫」，這裡指的是以「假設」或「想像」做為聯想的基調，來建構自己的教學理念，具體闡述你的「想法與做法」。

三、「當一天的老師」的類別，不管是哪一科，沒有任何限制。只要是你有最好的素材，最深刻的想像經驗都行。在「說明」的引導文字中，一個例子是**教書的課程設計**——家政課，你會做什麼？另一段文字是**教書的態度**，你打算怎麼對待學生？是你審題時進一步要考慮的地方，這可能是你寫作成功的關鍵。

四、文體以夾敘夾議的手法進行寫作比較合適；有記敘也有議論，從想像出發，最好以抒情的筆調來妝點主題的氛圍。

五、很多人審題不慎，不知不覺會寫成「假如我是老師」、「我將來要當老師」、「當一天老師不如當一生老師」、「人人都要當一天老師」甚至「我不要當老師」、「為什麼要當一天老師」……等等。想得四級分都很難，知道審題的重要了吧！

馬上立意

一、確立一篇文章的主旨，一方面要符合主題的基本要求，另一方面也不要忘了建立一篇引人入勝的旨趣，是寫作成功的關鍵。就本篇而言，首先要確定「當一天的老師」，你是要採「實寫」或是「虛寫」？如果沒有很特別的當老師的具體經驗，建議以「虛寫」做為立意的大方向，因為朝著「虛寫」來發展或聯想的思維，這篇文章的立意才有想像的空間。基測閱卷的結果明白顯示：採取「實寫」的立意方向，絕大多數比「虛寫」的級分低。

二、由於學生幾乎都沒有當過老師的經驗，所以如果學生選擇硬掰一次當老師的實際經驗，大多會漏洞百出，要不就是生澀不真實，反而暴露寫作的缺點。從師生互動的實際經驗省思，如果有機會當一天的老師，你打算怎麼當一天的老師，或者說當一天什麼樣的老師？從當學生的經驗出發，進行反向思考，你希望講臺上的老師是個怎麼樣的老師？從這個角度來立意，你的想像主軸就能貼近主題的要求，說明中所要求的想法與做法，就有比較容易具體的想像空間，學生的想像材料如果能就近取譬，這一篇假設性的議題，不就很容易搜尋到材料了？

馬上構思

一、從構思而言，當一天的老師，如果你也是從第一節到第八節，跟你的老師一樣，一成不變的上課、考試、班級管理，這樣就不痛不癢，了無新意了。

二、如果寫成當很多科目的老師，當數學、理化、英文要怎麼樣怎麼樣？這樣子也因為主題分散，寫作的重點容易失焦，文章會顯得渙散沒有生氣。

三、原則上，當「一天」並且結合「一種科目」的老師，比較單純也容易掌握。

四、其實，不刻意選擇某一科目，從概括性的思考，大原則的提出自己心目中理想老師的形象與理念，反而是更鮮明、更集中的呈現，未嘗不是很好的構思。

五、這個作文題目想測驗的目標是學生的觀察力與想像力，目的不是要你寫教案，提出具體的教學設計，如果你從細微處看問題，反而陷入泥淖之中。由於學生不是老師，他只能從學生的立場去觀察，能做到的是從大處檢討師生之間有什麼需要改善之處，進而發揮想像力，提出更理想化的藍圖。所以，從學生經驗的印象，以來期待老師角色的形象，就是構思上最簡單也是最有效的入手處。

馬上選材

一、說明中所提到的「家政課」，只是一個例子，考生不必一定要選這個點。如果你打算以「某一科目」做為選材的基礎，那麼國英數理化公民史地都是素材，美術音樂家政體育同樣也可以入題。

二、從說明的引導文字中，「……是在家政課上，安排學生服裝表演？還是帶著學生進行戶外教學？或者是整天都面帶笑容，不責備學生？」我們可以看出，都是以學生的立場來引發想像的，所以擷取素材可以大膽地從自己的心路歷程來思索，自己的觀察和想像就是最好的材料，千萬不要先預設好可能的標準答案的立場，選取一些無關緊要、無病呻吟的材料，那就會跟多數的考生一樣——了無新意。

三、如果選擇以「實寫」的具體經驗入題，以當某一科目小老師的經驗做素材或者在自家幼稚園當一天代課老師等等，選擇有機會直接來表現老師的辛苦與難處，如此寫實性強而且逼真度高，內在的感受也比較能做到真情流露。

四、如果選擇單一科目做為想像的寫作素材，提供三個建議給你參考：

第一、找你最愛或最有心得的科目，做為想像的選材考量，對你寫作最有優勢。

第二、當一天的老師，要表現出你的理想性或者有反省價值的教學建議，這樣寫作的成功率最高。

第三、內涵最好是快樂的、新鮮的、創意的、深度的、美妙的學習。

例如：以如果我能當一天國文老師為例，取材要深入具體，我會帶著柳宗元一起校外教學，到阿里山看日出、到淡水看落日、到武陵農場看櫻花鉤吻鮭……我會帶著蘇東坡一起畢旅到秀姑巒溪泛舟，帶著李太白到日月潭撈月……體會落花水面皆文章的妙趣……最後歸結到與大自然萬有合而為一的體悟。

五、如果打算以概括性的想法與做法行文，氣象宏大的可以從心靈的學習、大自然的陶醉、美的驚豔、弱勢族群的關懷、生命的感動、人生智慧的啟迪、交換愛的經驗為取材，這些角度都是比較容易討喜，而且能超越世俗、精神昇華的材料，引起共鳴的機會自然很高。心思細膩的可以從上課的眼光照顧到每一個學生、表情多一點關懷的笑容、責備多一些慈祥的光輝、教學多一些鼓勵的聲音、相處多一些幽默的交流……這些都是教學現場最真實的場景，在想像與期待之中最容易連結，也最容易塑造真情流露的赤誠之心。

馬上布局

一、當我們確定將這個作文命題定位為想像型的文題時，不妨以柔美的抒情筆調起筆，從教室裡老師聲嘶力竭的賣命教學起筆，也許是天氣悶熱，也許是學習興趣低落，也許是學習成就不高、也許是老師教學一成不變，引不出學習動機……教室外的藍天、蟬鳴、鳥叫……將我的思緒帶向自由翱翔的太虛之中。打算從苦悶出發，這些都是很好的第一段布局。自然而真實，有寫景又有抒發，這樣開頭很能契合沉悶無聊的國中考試歲月。

二、如果打算以實寫的方向進行寫作，那麼故事的新奇驚豔，情節的曲折變化，內容的豐富多樣，都是必須考量的。在什麼條件下當一天的老師？當一天老師的過程如何？當一天老師的感受又是如何？這些都是必須關顧到的觸角。只有國中生活經驗的你，最好選擇你最有把握的素材，不要天馬行空、胡亂拼湊。

三、如果打算採用「虛寫」的手法，那麼全篇的結構必須先做好嚴整的規畫與謀篇。以單一的科目進行「當一天的老師」的想像時，寫作範圍很明確，因此內容所涉及的過程要力求謹嚴，在實際與理想之中，你這位「一天老師」打算賦與什麼樣的理念？自然也要有完整的布局，才能恰如其分的呈現出言之有物的「一日師」。

四、如果是採行概括性的論說，整體段落的安排，必須視材料的多寡來決定，不妨以複疊的手法進行安篇布局，比如說：中幅各段的開頭，都以「想像，自己當一天的老師……」，或者都以「如果，讓我當一天的老師……」，然後敘說自己的理念或想法。這是這種想像型作文，布局上最簡單也是最不容易出岔的謀篇之道。

笨作文——實戰篇 4

題目：「那一刻，真美」

說明：生活中有許多動人而美好的時刻：也許是走出戶外，發現山的壯麗與海的遼闊；或者是閱讀的時候，某段文字觸動了內心；也可能是在大雨中，看見父母為子女遞送雨傘的身影……那些動人的時刻，總是給我們美好的感覺。請寫下你生活中美的那一刻，說明它的特別之處，以及你的感受或想法。

馬上審題

一、題目：「那一刻，真美」——「那一刻」，是限制的範圍，明白指出「那一刻」的範疇，換句話說，就是「瞬間的感受」。

二、「美」，是本篇作文題的文眼，也是文章的寫作重心。「真」，是程度副詞，有實在或非常、十分的意味，是用來修飾「美」的強度，作用在強化「美」的感受程度。

馬上立意

一、在說明的引導文字中，我們可以更進一步來判讀命題的具體要求，同時更精準掌握住正確的內涵元素。第一句「生活中有許多動人而美好的時刻」，是概括的引導與詮釋。「動人」是暗示考生要思索觸動人心的素材，「美好」是提醒考生要捕捉內心唯美情感的領會。

二、所提供參考的觸角約有三個角度：大自然的山水之美、閱讀的心靈感動之美、背影的親情之美。提示考生從那些動人的時刻，去體會美好的經驗與感覺。這些文字有助於提供考生寫作靈感的觸發，但並不嚴格地限制在這個框架之中，考生可以尋思自己印象中最深刻、最感動自己的一次瞬間的美感經驗為宜。

三、如果這三個引起動機的角度正好有你相通的熟悉經驗，當然也可以直接切入，進行寫作的相關程序。

馬上構思

一、在說明文字的最後：「請寫下你生活中美的那一刻，說明它的特別之處，以及你的感受或想法。」很多考生看了這段文字，會不自覺的出現很多浮泛的說明文字，原本可以很真誠的心聲，由於文體的轉換與生澀的表述，最容易破壞文字之美與文情之美。

二、建議考生以美麗真切的文字、抒情細膩的筆調，來處理你這一刻的美麗經驗，會比較容易引起閱卷老師的青睞。

三、素材一樣，情感相同，表達的手法不一樣，來去之間就是一級分的損失，考生不可不察。就文體的運用來說，以描寫、記敘、抒情三種文體合併交錯使用，比較理想。

四、這個題目並不難寫，但是想寫得出色並不容易。如果只是著力去寫美的事物，用心去鋪陳自然山川的景致、人物故事的情節變化，或者敘寫一次旅遊的豐實經驗，沒有觸及「那一刻」所引起「自己內心美的感受」，這一篇文章寫得再豐富，都算沒有搔到癢處，甚至可以說有偏題或離題之虞！

馬上選材

一、「那一刻，真美」，「那」字是「哪個？」什麼都沒說，就是什麼都可以！沒有任何的限制，端看考生的立意與選材來決定文章發展的成敗與得失。

二、五十分鐘的作文寫作，時間很短。從寫作策略而言，還是必須在最快的時間內理出頭緒，才能從容經營成一篇合情合理的好文章。

三、就多數考生而言，選擇自己的生活經驗做基點，真摯誠懇的寫出自己內心的喝采與陶醉，是比較能引起共鳴的文章。

四、大方向可以是人性之美、親情之美、自然山水之美、動物母性之美、旅行之美、博愛之美、虔誠信仰之美、生命韌性之美、工作態度之美、惻隱心之美、勇氣之美；也可以是對歷史的讚歎、對生活的陶醉、偶然邂逅的驚豔、憂患中奮起的生命情懷等等。

五、從人、事、物、景做主敘述，搭配必要的生動刻畫與描摹，然後跳入各種美的領悟與釋放，從自己最純粹的「心」出發，來建構「那一刻」物我兩忘或心領神會的唯美情境，以如此的思維與布局來安排這一篇文章，自然你就會覺得「得心應手」了。

六、朱自清的「背影」中，那個佝僂著背的父親，滿地撿拾橘子的背影；望著孩子第一次入學哇哇大哭的那位母親，內心有千萬個捨不得，屢屢回頭眺望的眼神；爺爺奶奶雨天送傘、中午送便當的焦躁不安；電視畫面中老夫老婦手牽著手的大茂黑瓜初一十五廣告；公園中中老年人推著老父老母的輪椅情境；拉著孫子小手滿臉皺紋的阿公阿嬤；四川大地震中手機對子訣別的留言、最後一次吸吮奶水的母愛、弓著身體以身護子的母親；一碗麵的真情……都是人性真情的至美。喜怒哀樂都可以入題，只有用心深思，這種素材在考生的生活經驗中並不陌生。

七、其他如：鄉間屋簷下燕子鳥窩的母性光輝；奮不顧身的火場救子；遭遺棄卻苦守主人的流浪狗；揹著沙包考試搶救失業，屢仆屢起的中年老爸；癌末考生的堅強求知；老妻從老伴手中接下的一朵鮮花；百歲詩人鍾鼎文抱著老妻骨灰返鄉入葬祖瑩的摯愛；一次大自然驚奇之美（日出、日落、深夜星月等）的發現；在火車上疲憊打盹的母親，幼子嘴含乳頭的靜止畫面；花農採花、果農摘果、菜農種菜……汗滴禾下土的態度……細心領悟，用心抒寫，每一則不都是足以感人肺腑的材料？

八、一般而言，雖然閱卷老師不會以選材做為價值判斷，來決定級分的參考依據，但是太另類的材料還是避免入題為宜。比如說：以打群架幫派鬥毆的江湖義氣之美、網咖電動玩具中線上遊戲殲滅敵軍的團結之美、幫忙寫作業的同儕之情、掩護翻牆的同學之愛、穿耳洞舌洞肚臍洞等次文化流行之美、穿著拖鞋不繫褲帶的邋遢之美……材料追求人性共通的感動，不必刻意虛構超齡的事件或務新務奇太炫太怪的情節，這些都是要極力避免的寫作思維。

馬上布局

一、以一個故事、經驗做為感動人心或美好感受的主體材料，然後在這個基礎上進行一次心靈美麗的追尋，是一種考慮。這樣謀篇布局有一個好處——完整、翔實、豐富，容易讓人印象深刻，但是對於記敘能力欠佳的人，也可能暴露出冗長雜亂無章粗糙的缺失。

二、以幾個片段事件作組合，再歸結出美的悸動，這種謀篇章法的優點是結實精悍，簡潔周密，情節會很扼要明朗；但是不善於抓住重點的考生，就容易造成簡略不明、見樹不見林，凸顯出割裂瑣碎的毛病了，考生在決定寫作規畫的同時，對於文章整體的構思是有必要考慮的。

笨作文——實戰篇 5

題目：「讚美與責備」

說明：一句讚美的話，也許讓你備受肯定而加倍用心，也許讓你驕傲自滿而得意忘形；一句責備的話，也許讓你發現缺失而力求改進，也許讓你喪失自信而自暴自棄。你曾經因為什麼事得到讚美？又曾經因為什麼事受到責備？讚美和責備對你造成什麼樣的影響？

馬上審題

一、「讚美與責備」，題目有兩個主題，一個是「讚美」，一個是「責備」，「與」是連接詞。到這裡審題還沒有結束，要繼續往下看。說明的引導文字中，前兩節長句：「一句讚美的話，也許讓你備受肯定而加倍用心，也許讓你驕傲自滿而得意忘形；一句責備的話，也許讓你發現缺失而力求改進，也許讓你喪失自信而自暴自棄。」分別提示考生：「讚美與責備」，都有它的正面價值，可是也有它的負面作用。引導文字已經直接定調，限制考生要在這個框架底下進行寫作，說理認知上，也必須鎖定在這些指定的角度進行闡述。

二、說明的後半段強調：「你曾經因為什麼事得到讚美？又曾經因為什麼事受到責備？讚美和責備對你造成什麼樣的影響？」屬於第二部分，原命題要求你以第「一」人稱——「我」的體驗，說一說自己「讚美」與「責備」的經驗談。

三、文題從「說理的定位」和「舉例的要求」，我們可以推知：這篇文章的測驗目標，是放在考查考生「夾敘夾議」的能力。

四、題目組成是「甲」與「乙」。從形式上來說，按照過去的分類：多數人會把本題歸類為說明文中「對立關係」的「雙軌題」（有人說雙項題）。然後集中火力闡說「讚美」的「是」，批判「責備」的「非」。作文班老師會教你列舉古今中外的正反例子，為這篇論說文四平八穩的畫上休止符。現在這個題目，如果按照這樣的慣例處理，恐怕就搔不到癢處了。

馬上立意

一、沒有細看，很多考生會寫成浮泛的論說文，東拉西扯、不痛不癢，而且往往都是陳腔濫調，遊走在讚美與責備的優劣、好壞、是非之間，就這篇文章而言，這樣寫會失焦。語文表達能力的寫作要求，有限制反應式和拓展反應式兩種。「限制反應式」的文題，有明白的寫作範疇與指定的寫作內涵，本篇即是；另外有「拓展反應式」，它有自由想像或主觀議論的空間，每個人都可以自由發展自己的主意。這一篇「讚美與責備」，不但有很明白的主題定義與寫作方向，也有很清楚的選材限制。如果你全然拋開，一意孤行寫你自己的「讚美與責備」，恐怕會像斷了線的風箏，弄錯節奏，失去方向，飛錯天空呢？

二、在立意之先，要特別咀嚼「說明」的重點：別人一句讚美的話，可以讓你更加奮勉，也可能得意忘形；同樣的，別人一句責備的話，可以讓你反省改進，也可能自暴自棄。在主題的要求下，「讚美」與「責備」這兩個點都必須觸及，缺一不可，偏頗不可，自由發揮更不可。

三、針對「讚美與責備」，如果你打算採取正向的就事說理，是一種選擇；完全負向的夾敘夾議，也是一種選擇。一正一反，一反一正，也都可以分別立意，原則上都可以成立，究竟你打算怎麼建立這篇文章的基調，最後必須由你來決定。

四、這篇文章的立意，還有一點很重要，應該是別人向我說的一句「讚美」或「責備」的話，對我所造成的影響。千萬不要把文章的旨趣，放在「你」的一句對別人「讚美」或「責備」的話，對別人造成的影響，這樣就是「差之毫釐，謬以千里」了。

馬上構思

一、順著立意的選擇，在夾敘夾議的原則下，構思的變化離不開四種組合。第一、讚美→備受肯定而加倍用心；責備→發現缺失而立求改進。第二、讚美→備受肯定而加倍用心；責備→喪失自信而自暴自棄。第三、讚美→驕傲自滿而得意忘形；責備→發現缺失而力求改進。第四、讚美→驕傲自滿而得意忘形；責備→喪失自信而自暴自棄。

二、除此之外，你必須顧及到：分別因為「什麼事」受到讚美與責備。結合上述四種發展的可能，來決定「造成你什麼樣的影響」。可見具體的經驗事實，加上內心的真實感受，也是這篇文章必須關顧之處。

三、就應試作文的寫作條件來看，建議考生遵循原命題的指示範圍，來進行構思最為妥當，這樣構思的過程不複雜，也容易精準的進行思考。千萬不要甘冒大不韙，來個全面顛覆。例如建構成：讚美↓喪失自信而自暴自棄；責備↓驕傲自滿而得意忘形，這種欠缺合理性而且反思考的構思活動，是很危險的。

四、無論是「讚美」或「責備」，構思的對象都是相對待的，例如：阿公阿嬤、外公外婆、父母、老師、校長、主任、導師、輔導老師、警衛、校工、義工媽媽、長輩、兄姊、神父、牧師、法師、道士、公車司機、路人、警察、鄰居、交通義警、外國人、流浪漢……與我一次的「讚美」或「責備」對話。

五、構思的具體事件，不外乎功課、品德、愛心、態度、勤勞、節儉、善行、助人、能力、熱心、合群、讓座、拾金不昧、公共服務、環保義行、愛護動物；惡習、貪婪、浪費、拜金、懶惰、自私、妒忌、小心眼、無責任感、無榮譽心、遲交作業、考試舞弊、上課遲到……

馬上選材

一、「讚美與責備」除了說理之外，具體的素材，不要超過自己的經驗世界。歐巴馬選上美國總統、歐巴馬與希拉蕊的化干戈為玉帛、以色列與巴勒斯坦的衝突、泰國的內亂等國際形勢，不是你的經驗，不適合入題。國內政經界袞袞諸公的作為、藍綠立委的衝突爭執、官員或民意代表的爭功諉過等等，也不是好題材。在自己經驗以外的東西，都不是你熟悉的，都算是不得體或太迂闊的材料。

二、別人對你的「讚美」或「責備」，一定有很多可以入題的材料。在捕捉材料的過程中，千萬要記得一件事，除了消極性來說，不能選擇離題或不切題的材料外，最重要的是要積極的篩選，最有代表性以及最感人的素材入題，這樣文章的經營才有精采的可能。材料不在大小，感動人心的就是好素材。

三、說明欄中的「你」，就是打算寫這篇文章的「你」，所以以第一人稱「我」進行敘寫，是唯一的選擇。下列材料都是很好的觸角，想想看，在「讚美與責備」的生活經驗中，你有哪些真實而可以入題的素材。例如：

（一）「我與爺爺在田埂邊慢悠悠的閒行，他軟性的斥責我跟父母講話的口氣要改善。」

（二）「阿爸在曬穀場，針對我的暴殄天物，狠狠地罵了一頓。」

（三）「阿嬤看到我碗內的殘餘剩菜、米飯，背對著我嘀嘀咕咕……」

（四）「國文老師喜孜孜地對我咬耳根：『你這一句話終於寫對了！』」

（五）「老師微妙地傳遞給我一個眼神：意思是說〇〇〇，這樣不好？」

（六）「失業的老爸，看到我的模擬考成績，劈頭就是一頓詬罵……」

（七）「慈祥的外籍神父，彎下他高大的身軀，兩顆關懷的眼珠子直視著我：『小子！你真棒……』」

（八）「在我一場面紅耳赤的告解之後，牆後的另一頭，隱隱傳來神父的聲音：『我們慈愛的主，沒有責備你……』」

（九）「讀北一女資優班的姊姊親切的對我說：『我除了考試比你好之外，你什麼都比我強……』」

（十）「〇〇老師忍不住掉了眼淚，衝出教室，班長苦口婆心的一席話……」

（十一）「衛生股長站在講臺上，鐵青著臉，指著我怒斥說：『你從沒好好掃過一次地？……』」

（十二）「我尷尬地爬下圍牆，校長聲嘶力竭地咆哮著……」

（十三）「警衛叔叔追出校門，嚴厲地叫住我：『你心目中到底有沒有王法？大搖大擺地像螃蟹走出校門，外出單呢？……』」

（十四）「警察叔叔喝斥我：『你不知道紅燈不能走嗎？……你老師沒教喔……罰你站在這裡三分鐘……所有的路人眼光都投向我……』」

（十五）「鐵窗內的爸爸囁嚅地說：『你是個好孩子……你又當模範生了？爸爸很高興……爸爸對你有很高的期許……不要學爸爸……要聽媽媽的話……回去吧……』」

（十六）「教練威武地說：『比賽我們是輸了，第二名就是輸……可是你們打不倒的精神，在我心目中永遠是第一名！』」

（十七）「老和尚盤著雙腿，雙目緊閉，氣定神閒地對我說：『懂得自己，就是一件偉大的事業，明心見性就是佛，你在我心中就是圓滿……分數是塵土，成績是飛沙……』」

（十八）「我面對成績單，自責很深，哭得像個泥人兒，爸爸悄悄坐在我身邊：『你比爸爸強多了，爸爸以前都是後面數回來的，你行的！……』」

（十九）「輔導老師撫摸著我的臉龐：『你的愛心、熱心、苦心，都是同學的典範……你了不起……』」

（廿）「爸爸看到我的全勤獎狀，意氣風發地對我說：『孩子，這比第一名重要！……』」

（廿一）「小張在欄杆邊啜泣地對著我說：『你功課這麼好，還這麼謙卑，我會聽你的忠告，我會好好拚會考，我會從零開始……』」

（廿二）「媽手拿著戒尺，聲淚俱下：『你給我跪下，跪在你的祖宗面前，看看你的德性……』夕陽的微光隱隱約約地照在祖宗的牌位上，我直挺挺地跪立著……兩道淚水汩汩而出……」

馬上布局

一、完整的章法設計，這個題目有三個部分必須考慮周全：第一個是說理，第二個是具體事實，第三個是影響。

二、就布局來看，可以從說理切入，再進行「讚美」或「責備」事件的鋪陳（兩種遭遇都要觸及到），最後以感性的筆調發抒自己心裡的感受或體悟、啟發。也可以從事件的敘寫做前鋒，再歸結到道理的論述，最後轉入心情的感懷或人生的體會以及對自己人生價值的影響。也可以一邊記敘一邊議論，一正一反或一反一正敘議都很好，最後同樣也以「讚美」和「責備」對你造成什麼樣的影響做結束。

三、怎麼樣謀篇布局是一回事，還要提醒大家，確定寫作路線以後，這篇文章有「讚美」與「責備」兩組寫作要求，兩者都同樣重要，不可偏廢。論說義理或記敘事實，這兩組的內涵都要全部寫到，也就是要言之有物，「對自己造成什麼樣的影響」，可以安排在最後。

四、由於寫作內容要求比較複雜，所以段落分成五段或六段也不嫌多。其次，在材料的安排上，要注意確實做到言之有序，否則文章很容易出現前後錯置或者冗雜混亂的窘境，哪裡要說理？哪裡要記敘？記敘與說理之間的銜接與搭配，一定要拿得準，這篇文章才四平八穩得起來。

五、由於有論理的文字，也有記敘的文字，還有感想、體悟、啟示的文字。在文章形式的表現空間上，對寫作力強的考生，有絕佳的表現機會；對寫作力弱的考生，也有漏洞百出的憂慮。因為優劣立判，寫作自信差的考生要費心思考，把缺點降到最低，也是一條六級分的活路。論述文字要不蔓不枝，簡潔精當，理路要周全，筆調求謹嚴；記敘文字要有條有理，有起有伏，事件要完整，情節求變化。句法的長短變化，散句與偶句的結合，排比與對比的運用，以及其他各類修辭手法的配當，都是你打贏這一仗的關鍵。

笨作文——實戰篇 6

題目：「夜讀」

說明：很多人都有夜讀的經驗。也許是考前臨時抱佛腳，或是沉浸在自己著迷的書籍……等。請你寫出一篇至少涵蓋下列條件的文章：

◎敘述自己夜讀的經驗、過程及感受。

※上述條件順序可自行調整

馬上審題

一、題目：「夜讀」，字面意思是「夜晚讀書」，因為「說明」文字中，有「考前臨時抱佛腳」以及「沉浸在自己著迷的……」，所以，比較恰當的解讀應該是「深夜讀書」，可以是「苦讀」，也可以是「悅讀」。

二、因為要求「敘述自己夜讀的經驗、過程及感受」，所以，就文體而言，這是一篇典型以「記敘文」為主的文章。既然是「夜」讀，你也可以適度的讓「夜景」做合理的、必要的鋪陳或渲染，所以，描寫文字是可以融入的。指明抒發「感受」，不管是由「景」入「情」、或者是由「事」入「情」、或者是由「人」入「情」、或者是「直接抒情」，抒情的文字或情境是不能免除的。

三、在「說明」的引導文字中，只列舉了兩個例子，已經告訴你這一篇作文不是「限制型寫作」，除了可以依據這兩個例子的方向進行寫作以外，你還可以在「夜讀」這個範疇下，另外有其他素材的選擇。

四、如果你在這兩個提供的素材中，都有很豐富又很具體的經驗，就從其中捕捉熟悉的素材，進行寫作也很好。但是，不要兩個材料合併寫，選擇其中一個，集中火力精采敘寫就好。否則兩個都要，兩個都抓不到，會造成文情紊亂不精，內容駁雜失焦的下場。

馬上立意

一、「夜讀」，是要你寫「夜讀的經驗、過程及感受」，這是這一篇作文的主旨所在。寫作的範圍是很廣泛的，實質的內容也可以有很多元多樣的選擇。「考前臨時抱佛腳」，是「夜讀經驗」的一種立意；「沉浸在自己著迷的書籍」，也可以是「夜讀」的另一種立意。單就這兩種方向就非常廣泛，有十分多樣的內容。

二、「夜讀」可以以「讀教科書」為旨意，也可以以「喜愛」（如文學史學哲學詩詞閒書）、「著迷」、「偷閱」……做文章的主題。

三、假設你打算跳脫一般思維的窠臼，你可以以一次「夜讀」為「經」，或以「人物」為「緯」，發展出一段情感故事、心情小品等等；也不妨以「事件」為「緯」，嘗試帶敘出一段溫馨或悲涼的家庭小品；同樣可以以「景物」為「緯」，敘寫一段漆黑夜晚的內心感受。

馬上構思

一、如果寫作的方向放在學生的為考試而讀書，那麼升學主義下正面的「用功」、「壓力」、「成就」、「第一志願」……負面的「焦慮」、「無趣」、「乏味」、「苦悶」……就是構想思考很務實的藍圖。讀書的「甘」與「苦」，都在現實功利的較勁下，此起彼伏，苦盡甘來。

二、如果立意的主軸決定放在讀自己感興趣的書，那麼一次忘我的夜讀經驗，會是一趟心靈的釋放之旅。讀書的「樂趣」、「陶醉」、「忘機」、「滿足」、「領悟」、「入迷」……就會是很明朗的思索。

三、「夜讀」也可以定位在「人」的旨趣，將一次夜讀延伸到「親情」之間的特殊回憶，從「讀書」與「思人」兩線發展，寫一段刻苦銘心的情感；「夜讀」也可以從「景」出發，把立意的重點放在夜晚「寧靜」氣氛的感受，如：「享受孤獨」、「忘我陶醉」、「懼黑心情」、「弔古懷今」……「夜讀」也可以以「事」為焦點，拓展到沉浸在「母愛溫馨」的感動氛圍、「親子溝通」的孺慕之情、「母子齟齬」的衝突失控、發現「父母失和」……這種構思雖然有創意，但是千萬記得要扣緊「夜讀」開展，否則寫著寫著很容易離題，收不回來呢！

馬上選材

一、如果選材是一般性的「為考試而夜讀」，你可以從「臨時抱佛腳」，敘寫自己為國、英、數、理、化、史、地、公、生……小考、週考、段考、期考或其他模擬考而忙得焦頭爛額，讀到三更半夜，焚膏繼晷而不得要領，凸顯自己的苦楚、鬱悶、沮喪、失意……反過來看，如果你是讀教科書高手、考場的常勝軍，那麼一般學生視之為畏途的考試，對你來說是易如反掌，這樣的話，雖然是因考試而快樂，「夜讀」的心情畢竟是開心的。這種考試型的「夜讀」，一般都會結合讀書「甘」「苦」的經驗、過程與心情。

二、假設你的選材打算讓它「沉浸在自己著迷的書籍」，最好要跟教科書區隔，選擇課本以外休閒的、流行性的、知識性的、哲學性的、宗教性的……等等書籍雜誌，類別可以是小說、散文、詩歌、藝術、旅遊、飲食……等等；單項又可以細分，諸如小說可以是言情、武俠、偵探、歷史……只要你有合適的材料都是很好的選擇。「悅讀」的樂在其中、考試人生的暫時紓解、偷讀課外書的滋味，是表達心情感受很自然又很熟悉的素材。

三、若你突發奇想，想要結合「夜讀」，發展出另外的情感經驗，這是比較特別的寫法，你一定要心思縝密，才能很巧妙的連結起來，否則很容易寫偏了，寫作能力不太理想的同學不建議這樣進行寫作。結合「人」的選材，可以找自己的故事經驗。例如：以前「夜讀」時，都有奶奶作陪，她總是邊打毛線邊打盹，一直陪著我，她經常告訴我要發憤努力，才能出人頭地……現在奶奶不在了，每次碰到熬夜讀書的時候，都會想到奶奶的點點滴滴，想到我的承諾……想到奶奶慈祥的面容……親情的回憶最容易感人肺腑。

四、結合「事」的素材，可以選一段正在進行中的瑣事入題。例如：每次學校段考，敘寫在深夜苦讀時，媽媽總會煮一碗我最愛吃的餛飩湯為我加油，並且跟我做個鬼臉……重點放在溫馨、健康、幸福的母愛。素材俯拾皆是。

五、結合「景」的素材，可以以深夜冷風颼颼，吹得窗戶嘎嘎作響……夜深人靜，野犬遠吠，悽慘恐怖……寫獨處的害怕，幻想魅影重重等等。當然也可以發展成深夜苦讀，享受孤獨的寧靜之美，心靈可以任意遨遊，上下古今無限飛馳，時而和李白醉月、時而和杜甫乾杯，也可以和蘇東坡遊赤壁、和柳宗元登永州諸山……發揮的空間很大。

馬上布局

一、一般而言，這篇文章最好能把握記敘、抒情、描寫三者並用的布局。記敘文字是主要的內涵，描寫文字是精緻的點綴，抒情文字是情感的昇華。順序沒有一定，你想怎麼組合都是行得通的。

二、第一段可以從寫景出發，由於季節不同，所以，景致自然不同，下筆也要隨著改變。但是，不變的都是「夜景」。「夜讀」的「夜」，當然以「深夜」為宜，才能搭配喜怒哀樂的情緒。深夜就會靜的孤寂、深夜就會黑影幢幢、深夜就會有淒厲的狗吠、深夜就會有颼颼的風聲……寫夜景要把握合理的景致與氣氛。

三、「夜讀」的過程，是這篇文章最翔實的部分。要善盡記述的本分，是一個人獨自苦讀，還是與同學共同研讀，還是有家人作陪。讀什麼書？你的態度如何？你和書有什麼樣的融入？「夜讀」的過程有什麼值得大書特書的地方？當中發生了什麼事？……這些都要照顧到，記敘是否翔實、豐富、曲折、變化，是成敗的關鍵。

四、「夜讀」的感受，是這篇文章的高潮，情感不管是憤怒的、震驚的、哀痛的、感傷的，還是快樂的、喜悅的、溫馨的、幸福的、滿足的？在處理整篇文章上，這是感動人心的關鍵。以真誠、懇切、自然、樸實的筆調娓娓道出，是最好的選擇。

五、文章多分幾段，理論上沒什麼不可以，只要你材料的安排需要區隔，你就可以另分段落，當然一切必須要關顧到段落的完整性，不然胡亂分段，容易造成文章的支離破碎，就應試作文而言，就會導致割裂繁瑣的缺點了。

笨作文——實戰篇 7

題目：「面對誘惑」

說明：孔子說：「四十而不惑。」對芸芸眾生來說，談何容易！茫茫人世間，滾滾紅塵中，人們不可避免地面對著林林總總、形形色色的誘惑：名譽、地位、金錢、美色、錦衣、佳肴……不一而足。

請以「面對誘惑」為題，寫一篇作文。

馬上審題

一、「誘惑」，是這個題目的關鍵詞，字面的意思是引誘、迷惑。「面對」，是要求考生提出一套因應之道，目的在考查同學解決問題的能力。

二、「面對誘惑」，這個題目在進行判讀時，要先理解「誘惑」是指負面的價值判斷，在這樣的基礎上，再來探索為什麼要面對？要怎麼面對？

三、說明欄的引導文字，都是放在「人生」的位置。所以，要審辨清楚本題的題面，是面對人生中的種種誘惑，你應該如何自處？

四、由於是要求你說明道理或提出辦法，文體的選擇，自然以論說文最適宜。

馬上立意

一、不管是哪種「誘惑」，所以能產生作用，陷人於其中而不能自拔，關鍵在於只要是人，都有「欲望」。所以，如何管理「欲望」，是這篇文章「立意」最優先要思慮的眼目。它雖然不見於「題目」以及「說明」的相關訊息之上，卻是整篇文章論說的「主意」，談不到這裡，就搔不到癢處。

二、孔子說：「四十而不惑」，又說：「智者不惑」，究竟是不迷惑於什麼？我們可以說：就是不迷惑於「欲望」的深淵。如果「面對誘惑」這個題目，我們以這個思維來建立文章的旨意，是不是寫作的「主意」跟「方向」就明朗起來了？

三、從說明欄中引導文字的提示，我們可以確知原命題的寫作範圍，是鎖定在人生社會生活中所可能面臨的種種誘惑，因此建議考生要抓緊主題，不要突發奇想，導致離題。譬如說：媽媽以手提電腦做誘餌，誘惑我拿全班第一名，就不是很好的立意；又如：不經一事，不長一智。只有面對社會的誘惑，才能適應複雜黑暗的人生，太灰色了也不理想。

四、「面對誘惑」，除了消極的節制欲望、避免沉淪之外，積極的建立正知正見、嚴守道德規範，更是解決人生疑難最好的生路。或者從人生的尊嚴、良知等等普世的價值與永恆的尊貴，做為文章的因應轉折，也不失個好主意。

馬上構思

一、寫論說文最忌游談無根，像「面對誘惑」這種題目，如果你只知道該寫什麼？那只能說做到不離題而已。你應該進一步深入去想，這個題目我有什麼可以寫？怎麼寫才能打動人心，鞭辟入裡？要拿出主張，要提出鮮明的理論基礎，有這樣的寫作企圖，文章才有說服力，才能令人折服。

二、人雖有天生質樸的本性，但擺在人生眼前的也不免有七情六欲的渴望。面對欲望的追求，我們老祖宗有很多的警惕。對於「欲望」，古聖先賢總是教我們「發乎情，止乎禮」。我們文化的根本力量，基本上都來自於欲望的管理或貪念的約束。「欲望」，我們總是將之視為敗家喪身的因子，它和「志向」是要做區隔的；緣於內心自私動念的情性貪圖，我們可以說它是：「欲望」；發自本心所堅定主張的理性意志，我們可以說它是：「志向」。通常我們說到：「欲望」是負面的價值；「志向」是正面的價值。這一點要先釐清。

三、「茫茫人世間，滾滾紅塵中，人們不可避免地面對著林林總總、形形色色的誘惑：名譽、地位、金錢、美色、錦衣、佳肴……」，你打算如何構思呢？關鍵不在提出人生究竟要面對多少種誘惑？成功的思考應該是如何正本清源地提出一套「面對誘惑」的解決辦法！集中焦點，處理「欲望」，就是面對誘惑的一把好鑰匙！

四、道家主張「（常使民）無欲」，是從順自然而無為發明的。儒家主張「寡欲」，是從禮法上的節制約束說的。佛家主張「絕欲」，是從苦行修持來斷貪嗔癡的。佛家的世界要我們「明心見性」；道家的天地要我們「不見可欲」；儒家的現實人生要我們「明明德」，其實也無非是盡己之性。任何的學說教義，它的起源處都大同小異，都是從如何發揚人性，遏止「欲望」，來解決人生的苦惱，突圍人生的誘惑，找到人生的安頓的。

馬上選材

一、「面對誘惑」，可以從提升人性的聖潔處來面對誘惑，也可以從消弭自己的情欲面來面對誘惑。從文化上的濡染、從道德上的涵養、從宗教上的修持，都是很好的入手處。如何從根本上的自修儉德，或者健康的精神安頓，也是選材上的好路子。下引三種角度，做為你撰寫本文的參考，當作理論基礎，就言出有據。

（一）老子說：「五色令人目盲，五音令人耳聾，五味令人口爽，馳騁田獵令人心發狂，難得之貨令人行妨……」莊子也說：「其嗜欲深者，其天機淺。」在《道德經》中，老子提供了道家面對誘惑的因應之道，所謂：「不尚賢，使民不爭；不貴難得之貨，使民不為盜；不見可欲，使心不亂。」整個藥方就在以人性上的自然「無欲」，來解決人生的根本誘惑。

（二）儒家從人生的現實面，建構出面對欲望糾葛的方法，是合理的節制欲望。面對誘惑，它有一個天平擺在心頭上，就是按照「中道」來行事，從人性到人情，只有聖賢可以完全的盡性，不受外誘之私的迷惑，一般人必須靠教化、靠學習、靠修養等等來「寡欲」。智者所以不惑，是因為智者明辨「利令智昏」的道理能決斷欲望的取捨；利欲一旦薰心，就陷入了誘惑的迷障之中而無法逃脫。司馬光以「儉德」訓誡其子說：「君子寡欲，則不役於物，可以直道而行；小人寡欲，則能謹身節用，遠罪豐家。」這是儒家面對誘惑的康莊大道。

（三）佛家梵語戒規中，貴在掃除一切罪惡。從斷絕一切引起誘惑的欲望中，找到人生的喜樂福田。例如：般若波羅蜜多心經中提及的：「照見五蘊皆空，度一切苦厄。」是說人生一切眾生的形相、嗜欲、意念、業緣、心靈，都必須空透斷絕，才能超越一切誘惑，度過一切苦難，找到內心真正的安頓。這是佛家苦修的大法。

二、如果你打算「以什麼力量來面對人生的誘惑」，可以考慮從顯揚人性天賦的善性出發，來對抗外在物質世界的誘惑。那麼建議你以道德力、文化力、宗教力等內蘊的無形力量，做為捍衛高尚人格的保護傘。上述第一大項所簡述的學術價值，就是很好的參考資料。

三、如果你打算以「面對人生的實質誘惑，你該怎麼辦？」做思維，可以考慮以人生如何進退的智慧出發，以「中道」做為抉擇的標準，秉持識時務、乘形勢、知輕重、明利害、辨是非、別善惡的人生經驗，來面對錯綜複雜又多元多樣的人生。因為欲望的深淵永無止盡，所以我們要懂得知其所止；因為私利的誘惑八面埋伏，所以我們要懂得知所取捨。人人都有一定的智慧，所以會昏昧、失智、無知，大多是一時迷惑於利欲的深淵，最後導致家毀人亡的不知凡幾？所以，了解「利令智昏」的事實，「智者不惑」、「四十而不惑」就不困難了。

四、「好名、好利、好色、貪財、貪杯、貪墨……」，都是高危險群的犯罪因子，或緣於內心的貪求、或由於外誘的迷失，一切感官世界的渴慕，都很容易迷失自己。一個人如果沒有堅定鞏固的自我價值與心靈信仰，又沒有清明的智慧面對情欲世界的誘惑，等到誘惑的機會一旦來臨，違法犯紀的事就會接踵而來，輕者傷身，重者喪命，甚或亡國辱族。所以，「面對誘惑」，內心世界永續的道德孕育與文化陶養，加上外在世界的智慧判斷與自律修持，是「有為有守」的最佳保證，也是面對誘惑而不惑於所誘的最大智慧。

馬上布局

一、首段不妨開門見山，直接揭櫫主題。「面對誘惑」，就是面對欲望的挑戰，你喜歡而得不到的才會成為誘惑，面對誘惑的判斷與堅持，需要有超脫世俗名利的德性，更要有知其欲、正其欲、節其欲、止其欲等等的大智慧。

二、以「欲望」為核心，探討人生「利害」與「是非」的價值判斷。能明辨是非而知所進退，是道德的力量；能權衡利害而知所取捨，是智慧的效能。

三、從反面論述：建構無是非心，就容易生利害心，有利害心就不免隨波逐流而不自知。誘惑火一旦燃起，欲望心就跟著隨之起舞；外誘之欲不止，人就找不回自己的主宰，看不到自己的良知，用不出自己的智慧，最後就擺脫不掉誘惑，長此以往，就會愈陷愈深，導致不可收拾的慘局。

四、總結「面對誘惑」，根本處要從內心的道德存養開始，在現實人生想禁得起一切名利貪圖的檢驗，要有不迷失不受惑的大智大慧。能夠養儉節用、養廉求公、寡欲修身、重德輕利，那麼面對誘惑，就能依照正道而行，人生路上又何懼之有？

笨作文——實戰篇 8

題目：「真想見到他」

說明：有人想見到蘇東坡，跟他學習作文的方法；有人想見到愛因斯坦，和他討論相對論；有人想見到杏林子，向她請教快樂之道，還有人想見到久未謀面的人或偶像明星，乃至於卡通人物……你想見到什麼人呢？為什麼想見到他？如果你有機會見到他，希望在什麼場合？將會是什麼樣的情形？見面時，你想說什麼話或做什麼事？

馬上審題

一、題目的主語──「我」省略，「想見到他」是關鍵句。「真」是程度副詞，作用跟「十分」、「非常」、「很」等等一樣，有加重語氣的效果；「想」是副詞，用來修飾動詞「見到」；「他」，是受詞，也是本題的「眼目」，最焦點的一個字。

二、這個題目的性質很明確，就是「我很想見到他」。「他」的選擇性十分廣泛，可以上下古今中外，只要這個「他」有你最愛的材料可以寫就行。

三、這個「他」，不管是過去的歷史人物，還是現在的知名人士，實際或虛幻（卡通人物），總宜鎖定在「人」這個領域上，其他的選擇容易離題。

四、從說明欄的文字來看，最好以「一個」人物做為對象，集中焦點全力鋪陳；如果你想多角度呈現，也可以「多個」選擇。

五、以記敘文為主，以抒情為輔或者以說明文為輔都行。

馬上立意

一、「真想見到他」主題很容易確立，選擇空間很大。你要選定跟你最麻吉的對象，做為寫作的重心，這樣你文章的成功率會高很多。雖然題目好寫，如果隨便選個對象，提筆就寫，固也有可觀的可能，但是，容易寫得不痛不癢。所以，就立意而言，要把焦點放在「你最想遇見的那個人」。

二、如果主意放在「古人」，你要先決定文學人物還是政治人物……？英雄人物或是悲劇人物……？文臣或武將？才子或佳人？在考慮人物上要用心選擇，要深入思考，當你覺得對這個人物有強烈的渴望，有十分熟稔的印象，就是好的立意。

三、如果主意放在「今人」，你決定選擇本國人或外國人？偉人或名人？親人或愛人？政治界、宗教界、娛樂界、企業界？崇拜的人或思慕的人？難忘的人或感恩的人？懷念的人或熱愛的人？也是要做最明確的思維。

四、如果要以虛幻的卡通人物或創意的漫畫人物為中心，最好要選定大家熟悉的對象，文章的鮮明度才會高。

馬上構思

一、主題人物的「範圍」跟「特質」，是構思上必須進一步發展的層次。比如說想寫盛唐李白，就要想到李白是浪漫詩人，賀知章歎為天上謫仙人，他的事蹟如鐵杵磨成繡花針、唐玄宗御手調羹、高力士脫靴、楊國忠捧硯，他的名作〈春夜宴桃李園序〉，它的名詩如〈靜夜思〉、〈清平調〉、〈關山月〉、〈將進酒〉、〈蜀道難〉等，他的酒詩、他的醉月，他是詩仙又是詩俠，他有儒家的宏願又有道家的曠達……打算以李白為主題，有這麼豐富的相關材料做靠山，再來發抒個人情感上的嚮往，在抒情的內涵上就有很好的發揮空間。

二、如果範圍定在現代人，那麼本國人與外國人都無不可。同樣的，你要先問問自己，對這個對象所認知的材料足不足？你對他（她）的情感聯繫深不深？這都是從想像的角度來進行構思。你也可以從熟人做選擇，如骨肉之情、師生關係、手足之愛……從有具體情感交流經驗的對象入手，如果材料夠漂亮，因為真實、深刻、自然、感動的關係，在情感的表現空間上，會更容易引起別人的共鳴。

三、確定以「人」做為寫作的基調後，還要考慮到「說明」欄中的引導文字：「你想見到什麼人呢？為什麼想見到他？如果你有機會見到他，希望在什麼場合？將會是什麼樣的情形？見面時，你想說什麼話或做什麼事？」這些話無非是從「人、事、時、地、物」來提示你起碼的寫作要求，這也是你構思必須要考慮到的基本元素。

馬上選材

「說明」欄中的文字，有很明確的選材標準：「有人想見到蘇東坡，跟他學習作文的方法；有人想見到愛因斯坦，和他討論相對論；有人想見到杏林子，向她請教快樂之道。」有依據可尋，我們就從這裡說起：

一、如果你選「蘇東坡」：從蘇東坡聯想到他是大文豪，想跟他學作文之外，素材還可以關懷他的宦途遭遇、認同他的真率性情；地點可以在他的家鄉四川眉州眉山，也可以在寫前、後赤壁賦的黃州，也可以遠貶海南的儋州；你打算乘著舟子陪他靜靜地在赤壁喝酒賞月？還是要跟他激情醉吟〈念奴嬌〉，共嘆人生的苦悶？也許你還想跟他請教「東坡肉」，談一談最夯的飲食文學呢！

二、想寫「愛因斯坦」，最好以相對論為主要材料，接著你要問問自己記憶中還有多少關於他的素材？他是美國猶太裔科學家，生於德國。一生以文學家追求美的態度和哲學家探索真理的精神，致力於宇宙的思考探究。一九〇五年發表有關布朗運動理論、光電理論、相對論等論文，一九二一年獲頒諾貝爾物理獎。材料周全豐富，文章的觸角才會靈活自如，沒有單薄簡弱的毛病。

三、打算寫「杏林子」，為什麼要向她請教「快樂之道」？本名劉俠的她，因為老家在陝西省杏林鎮，也為了紀念自己一生與醫院結下了不解之緣，故以杏林子為筆名。十二歲罹患類風濕關節炎，行動不便，生命態度十分消極，十六歲信仰基督，心靈有所寄託，從信仰中體驗到生命的價值和尊貴，逐漸改變生命態度，轉而充滿樂觀和進取。作品有《生之歌》、《生之頌》、《杏林小記》、《感謝玫瑰有刺》等勵志小品，激勵人心，享譽文壇。歷任伊甸社會福利基金會董事長、殘障聯盟理事長。晚年無法執筆，仍以口述方式寫作不輟，作品中充滿求生意志，足以激勵人心。

四、想跳開引導文字的框框，以自己心目中的材料做選擇當然可行。要特別注意的是有沒有把握住人物的「形象特質」？來跟自己做合理的連結，為什麼想見他，想跟他說什麼？這是必須掌握的關鍵。想跟秦始皇見一面嗎？焚書坑儒、築萬里長城、統一天下、廢封建、置郡縣、統一文字度量衡等等，出巡時，病死沙丘。從「過」入手？還是從「功」談起，你要好好拿捏。政治人物還有劉邦、項羽、唐太宗、漢武帝、朱元璋、以至於康熙、乾隆；其他如管仲、商鞅、魏徵、岳飛、文天祥……。文學人物如怨懟沉江的屈原、貶謫永州的柳宗元、〈聲聲慢〉的李清照、社會寫實的詩聖杜甫、詩仙李白、詩佛王維、詩鬼李賀、詞聖李後主、愛國詞人辛棄疾、曲壇宗匠關漢卿……學派領袖有教無類的孔子、自然無為的老子、摩頂放踵的墨子……三國人物曹操、孫權、劉備、諸葛亮、周瑜、關羽……形象粗獷的人物子路、張飛、李逵、魯智深……突出的女性如武則天、呂后、趙飛燕、楊貴妃、西太后……只要你熟悉，就是成功的好材料。

五、現代人物諸如國父、王永慶、三毛、張愛玲、蔣宋美齡、張忠謀、郭台銘……久未謀面的人如調校的老師、移民的同學、在天國的長者、離異的父親或母親、初戀的情人、鄉下的奶媽、睡在墳墓裡的外婆、救我一命的醫生、罵我一頓的導師、拉我一把的校長、眷村的老團長、巷口的黑輪伯……無一不是你入題的素材，選一個讓你一生感動的對象，這篇文章就成功了一大半。

馬上布局

一、開頭最好根據你心目中的人物直接就寫，不管從摹寫入手或從記敘開始，給一個十分迷離朦朧的場景出發，或十分驚悚的事件進行鋪陳，這樣子都是比較好的起步。你文章的開頭不要又和很多學生一樣，東拉西扯，介紹一大堆人物或有的沒的，文章又雜又亂，一開始就失去魅力，這是十分不智的寫作習慣。

二、引導文字所提示的寫作要點，你要以文學的手法自然成文，千萬不要以問答的方式，有問必答或一問一答，如此就會顯得機械無情又空洞無味，有了好的材料，要好好設計安排，你最想見哪一個人？最想跟他（她）說什麼話或做什麼事？在文體上，「記敘」與「抒情」（說理也行）是兩大主流；其次，因為題目本身引起的想像或期待的空間很大，所以有很好的渲染條件，描寫文字自然也是可以極力表現的地方。

三、好想見到的「他」（她），是你用心鋪敘的對象，不管是故事的詳略敘述或是情節的起伏變化，都是引人入勝或者令人作嘔的關鍵。先就這個人物進行通盤的了解，決定選取哪些足以凸顯的面向，然後再做巧妙的設計，記敘與描寫文字是主要的工具。接下來表現好想見到他（她）的「我」的情感世界，「我」跟「他」（她）之間必須做合理又精巧的銜接，也就是說主觀的情感要和客觀的思慕對象，一定要緊密聯繫在一起。所以，措辭文字表現的巧拙精粗，也直接影響了文章成敗的要素。

四、段落分成四段五段，或者六段七段都無妨。只要你抓住：「想見到什麼人呢？為什麼想見到他？如果你有機會見到他，希望在什麼場合？將會是什麼樣的情形？見面時，你想說什麼話或做什麼事？」這些意涵，至於孰先孰後？孰重孰輕？孰詳孰略？都要由你來做決定。

笨作文——實戰篇 9

題目：「鄉村與都市」

說明：有人說：「鄉村的空氣新鮮，生活悠閒簡樸。」也有人說：「都市資訊充足，生活多采多姿。」……各有偏好。如果可以選擇，你希望住在鄉村還是都市？請就鄉村與都市生活的優缺點加以討論，並說明自己的偏好。

馬上審題

一、題目「鄉村與都市」，題面的形式屬於論說文的「雙軌題」。就內涵的要求而言，「說明」文字中明白指出「說明自己的偏好」，所以題型的分類應該屬於「偏重關係」的雙軌題。

二、解讀這一篇文章，命題的用意有兩個目的：

第一、要求學生分析說明「鄉村與都市」的特質（包括優缺點），這個部分，強調「客觀優點缺點的剖析」。同學要分別對「鄉村」與「城市」提出合理的分析，特別要面對「優點」與「缺點」作理性的區隔。

第二、要求你表述「你希望住在鄉村還是都市」，並且「說明自己的偏好」，這個部分，著重在「主觀喜歡愛好的判斷」。同學必須在「鄉村」與「城市」兩者之中，闡述自己所以選擇其中之一的理由。

三、同學要有正確的審辨觀念：「鄉村」與「都市」兩者之中，沒有對錯之分，只有喜歡與否的選擇。所以進行文題判讀的第一步，不要先存有究竟哪一個比較「對」的心理，寫你想寫，說你想說，把心裡的真正感覺寫出來，不但沒有包袱，而且比較容易有真切自然的文情出現呢！

四、綜合以上的分析判讀，本篇文章以論說文進行寫作，是唯一的選擇。

馬上立意

一、這篇「鄉村與都市」要同學敘說究竟偏好「鄉村」還是「都市」？「偏好」是寫作的立足點，不管喜歡哪一方，「偏好」是行文的立場，有嚴格的限制，不是有甲無乙，就是有乙無甲。你不能兩個都不要，也不能兩個都喜歡。這是第一個要明白交代的地方。

二、引導文字中：「有人說：『鄉村的空氣新鮮，生活悠閒簡樸。』也有人說：『都市資訊充足，生活多采多姿。』」對於主題提供簡明扼要的區隔與定位。因為要求考生對於「鄉村與都市生活的優缺點」就實質面進行討論，所以，在表達你偏好與選擇之前，你必須分別就「鄉村」與「都市」客觀論述它們兩者的優點與缺點。這是第二個要交代的地方。

三、如果只有題目，沒有具有限制意味的說明文字，這篇「鄉村與都市」的意旨是可以有很多選擇性的。由於指定要你「說明自己的偏好」，所以，旗幟鮮明地論述自己的選擇，斬釘截鐵地提出自己的「偏好」，這是「立意」上最關鍵的考量。這篇文章命題很特別，不管你文章的「立意」要站在哪一方，都不會離題，也都沒有影響這篇文章的成敗。喜歡「鄉村」或「都市」，都可以，隨便你挑一個。

馬上構思

一、這篇文章的構思很明朗，主題有兩個——「鄉村」與「都市」，你必須分別論述這兩者的生活特質，客觀闡述「鄉村生活」與「都市生活」的優點和缺點。這兩個部分要明白區隔，分開來寫，以客觀的觀察與體驗為主軸，寫作的理路要清楚。

二、由於是雙主題的論說文，同學不要不明所以，胡亂提筆，就「並重」起來或「因果」起來或以「對立」關係行文，如此寫去會十分糟糕。這都是不用心思考，隨便對號入座造成的。原本很簡單的構想思考，由於沒有靜下心來好好想一想，「差以毫釐」往往就「謬以千里」了。

三、有一點需要注意：在對「鄉村與都市生活的優缺點」進行討論時，應該都是對「鄉村」與「都市」做全面性的敘說，包括「優點」與「缺點」兩者都要觸及。

構思的角度千萬不要演變成「喜歡的」寫優點，「不喜歡的」寫缺點，以兩者誓不兩立的「對立關係」下筆，這樣子構思就偏頗了。

四、另外，鄉村與都市可以平衡論述，不要在分別說明的時候特別標榜「甲」，在提出主張偏好的時候又特別唾棄「甲」，這樣子會造成自相矛盾的下場。

五、比較理想的構思是：多多正向介紹「鄉村生活」與「都市生活」兩者的優點，同時也很客觀的評論兩個生活領域的缺失。然後從比較「喜歡」的角度來寫你的偏好，不要極力批駁另一方，以刪去法來建立你的偏好。

馬上選材

這篇文章簡單說有三個點要處理：鄉村優缺點＋都市優缺點＋自己的偏好。

一、**鄉村生活**：要從優點與缺點兩個角度進行敘說，說多說少都要兼顧，不要只說優點不說缺點，反之亦然。從素材來說：鄉村的風光景致、人物活動、生活點滴、安貧滿足、勤儉刻苦、樂天知命、精神愉悅、關懷互助，不管自然人文都是切入的好角度。她的居處偏僻、建設落後、耆老凋零、人口外移、謀生不易，也是省思駁論的好材料。

二、**都市生活**：大都會的高樓大廈、車水馬龍、文明資訊、百貨精品、物質追求、娛樂享受、工作機會……都有很多的寫作材料；負面生活諸如：燈紅酒綠、藏污納垢、爾虞我詐、冷漠疏離、競爭無情、壓力苦悶……也是檢討批判的好焦點。

三、**偏好**：如果你的最愛選擇「鄉村生活」，不管你喜歡的是生活悠閒、農家田園、人情味濃、遠離塵囂，都要提出你熱愛的理由。如果你表白最愛的是「都市生活」，也要有力的論說你喜愛都市生活的理由在哪裡？是都市先進文明的追求，還是知識日新月異的嚮往；是志在光宗耀祖的渴望，還是把握多元創業的機會……你都要給個說法。

馬上布局

一、這篇文章的結構布局，愈簡單愈好，因為文章好壞的關鍵在具體的論述與文字的優劣。所以，章法的處理，簡單反而大方，明朗反而平穩。文章以四段到五段為宜，不要太複雜，這個題目段落太多反而會顯得支離破碎。

二、首段總說「鄉村生活」與「都市生活」，簡要敘寫兩者的魅力與價值，也可以兼及從都市人看鄉村生活，對照鄉下人看都市生活的不同思考起筆，營造迴異而有趣的追求心理。

三、根據題目的順序，第二段可以直接切入鄉村生活的特色，以正面和反面的觀察來鋪陳鄉居生活的點點滴滴，每個人寫的主題都會很接近，端看你敘寫的內容是不是能充分表現鄉村的具體評價。

四、第三段相對地敘寫都市生活的優點與缺點，與第二段鄉村生活要有合理的區隔，雖然是兩兩對照的布局，但內容卻不一定要迥然不同。同樣地，段落的整體表現仍應包含都市生活的優點與缺點。二、三兩段的筆調總以客觀性的論述為上。

五、第四段的布局可以安排一個轉折，這個轉折的目的是帶入另一層次的思維，就本篇來說就是提供你「偏好」鄉村生活或都市生活的理由。

六、最後一段做全文的總結：建議以鄉村或都市各有其迷人的一面出發，然後言簡意賅的再一次強調你的抉擇。

笨作文——實戰篇10

題目：「一份特別的禮物」

說明：生活中常有機會收到禮物，禮物可以是有形的，也可以是無形的。你曾經收過什麼樣特別的禮物嗎？你在何種狀況下收到這份禮物？這份禮物的特別之處在哪？

馬上審題

一、題目的主體是「禮物」，這是關鍵的文眼，內容要扣緊「禮物」。其次，要分別審辨清楚的是「一份」與「特別的」這個限制與要求。「一份」不要寫成「二份」、「三份」……更不要寫成泛泛論說的「禮物」，東拉西扯就離題了。

二、禮物的性質：可以是生日禮物、成績禮物、見面禮物、畢業禮物、離別禮物……

三、送禮給你的對象：可以是父母、長輩、兄弟、姊妹、老師、朋友……等對象所贈送；但是，根據**說明**的要求，**不可以**寫成自己送給別人一份特別的禮物。

四、文體以記敘文為主，結合描寫文與抒情文最為適當。

馬上立意

一、先確定這份禮物要建立在哪一個對象？哪一個時空？哪一種性質？還要優先思考你所要表現的「特別」的主題，究竟有沒有特別之處？

二、其次，要想清楚你要表達的這一份特別的禮物，必須結合送禮者與你之間的**故事與情感**，沒有感動自己的深刻經驗，這一份禮物恐怕就特別不起來，這樣子文章的旨趣就缺少了引人入勝的吸引力。

三、由於這種題目只有明確的項目——「物」，沒有設定特定的對象——「人」，進行立意的時候，要把焦點放在：這份禮物在「人」與「我」之間的連結上，要鎖定「你」和送禮物給你的那個「人」之間的感情故事，這是「立意」上的基本認知，模糊了就搔不到癢處。

馬上構思

一、由於禮物的性質不同，送禮給你的人也沒有固定身分，從寫作的策略來說，要採取「大題小作」的手法，也就是說要確認「性質」與「對象」，再選定「特別的」經驗，以完成「一份」「特別的」「禮物」。

二、從構思上來說，需要考慮的面向，至少應包括：

（一）出現這一份禮物的時空背景，要做簡明扼要的敘寫。

（二）這一份禮物是什麼？可以做必要的描寫。

（三）誰送給你的禮物？為什麼送給你？

（四）這個禮物有什麼特別？要確定是東西本身？還是所象徵的意義特別？

（五）這個特別的禮物，帶給你最大的感動是什麼？**喜**、**怒**、**哀**、**樂**各個方向都可以。

馬上選材

一、從選材來看，如果是「生日禮物」，第一次的經驗會是好素材；老友重逢，出現在生日聚會，會很動人；離異父母同時出現在你的生日晚宴，會很激動；誤會的友人出現，生日會喜出望外；海外奮鬥的父親，一通生日快樂的關懷，會很滿足；意外帶來的生日禮物或生日禮物帶來的意外……都有驚人的感染力。找你熟悉的，印象深刻的經驗。

二、如果是「成績禮物」，第一名是驕傲自信的一刻；模擬考排名前三志願，是欣慰快樂的一刻；各種比賽校外爭光，是揚眉吐氣的一刻；進步獎得到鼓勵，是熱淚盈眶的一刻；失業父親最真情的摸頭、癌末親人最滿足的遺笑、弟弟妹妹最崇拜的眼神、爺爺奶奶最慈祥的莞爾一笑、老師慷慨激昂的讚賞……不都是俯拾即是的素材？

三、如果是「畢業禮物」，市長獎、議長獎可以很特別；同學交換的神祕小禮物，也可以永生難忘；坐在頒獎臺下阿公阿嬤滿足的眼神，也會讓人很激動；老師的臨別贈言、老工友的一席話、教室內真情相擁哭成一團的友誼……同樣是可以成就文情並茂的好材料。

四、無論你從哪個角度選材？不要忘了一定要關顧到「特別的」思維，這樣子，這篇文章的眼睛才會亮起來，這篇文章就不容易流於貧貧乏乏、枯枯索索、人云亦云的公式化素材了！

馬上布局

一、如果想開門見山的點出「物」的具體形象，第一段可以從禮物的表象直接摹寫；然後再憑藉這個「禮物」，娓娓道出屬於你與送禮者的故事；透過迴環轉折的情節變化，交代好來龍去脈之後，就可以自然而然地抒發情感，由物入情，來點染這一份特別的禮物。

二、謀篇上也可以考慮從敘寫禮物背後的故「事」做開端，然後才讓禮「物」

在最適當的時間出現，最後再從禮物引起的情愫，採取渲染的手法或者真摯的筆調，讓「情」順利將文章帶入高潮。

三、不管以順敘法或者倒敘法，甚至多元環敘法入手，只要故事能引起興味，情節能靈活生動，什麼手法都可以是成功的記敘。

四、這一份禮物因為要「特別」，所以「珍貴」比「昂貴」重要，「情誼」比「價格」有意義；「故事」不一定要轟轟烈烈，「禮物」不一定要貴得令人咋舌，「情感」不一定要驚天地泣鬼神，自然真切就好。

笨作文——實戰篇 11

題目：「用餐時分」

說明：用餐，不只是視覺、嗅覺、味覺的體驗而已，因為周圍環境、進食的氣氛、情感的交流……都會讓用餐時分顯得特別。你的用餐情境是如何呢？用餐時你的感受又是如何？有什麼特別之處？

馬上審題

一、題目本身是「用餐時分」，關鍵文眼在「用餐」，所以必須鎖定「用餐」這個範圍。

二、時間上的考慮，可以是早餐、中餐、晚餐。

三、空間上的選擇，可以是家裡（自己家或親戚家）或外食（含餐廳、路邊攤……）

四、文體以記敘文為主，結合描寫文與抒情文三體共構最為適當。

馬上立意

一、要明確把你想讓別人知道的「用餐」內容，明白交代清楚。

二、用餐雖然是生活中的常態，主題的確立要新鮮、獨到，多一點創新的思維。究竟要寫溫馨的、和諧的、幸福的、爆笑的、感傷的、難堪的、懷念的……等等，你在下筆之前要先定調。

三、用餐雖然是再熟悉不過的經驗，不要只是拉拉雜雜的拼湊，想要引起共鳴，一定要有發人深省的內涵，所以用餐的主意可以平凡，但要避免庸俗，用餐的深度就會凸顯出來。

馬上構思

一、從用餐的前因後果、真實情境、周遭環境的記敘；到視覺、聽覺、嗅覺、味覺、觸覺等各種感官的綜合摹寫；進而拓展到進餐的氣氛、情感的交流等等，都是構想思考的觸點，要做全面而且周延的構思。

二、在確立「用餐時分」的主題之後，構思的任務就是要建立一個粗略的藍圖和骨架。構思的定位是下筆進行寫作之前的構想與思考，是文章整體設計的功夫，換句話說就是整篇文章完整的醞釀過程。

馬上選材

一、如果用餐的地點是家裡，用餐前的等待、用餐時的場景、進餐過程的氛圍交流、用餐後的感受，都是進行構思時比較重要的觸角。從媽媽或奶奶（也可能是爸爸、姊姊、外傭等）做菜的過程到香噴噴、秀色可餐的佳肴美味，都是描寫文點染的切入點；家人的互動、媽媽的使喚、爸爸的遲（早）歸以及其他的事件情節等等，都是記敘文可以著墨的地帶；用餐過程中的氣氛、你個人的心情小品或是影響喜怒哀樂的情感誘因，都是抒情文發揮的空間。

二、用餐時分不一定寫快樂的晚餐、溫馨的情感，如果你有哀戚的經驗、悲慘的遭遇、緊張的家庭關係，也是很好的構思層面，只要真情流露，一些人生的缺憾，雖然是難堪的經驗，但往往也是很容易感染人心的作品。一篇好的作品總以感動人心為上乘，以五十分鐘的應考作文而言，建議考生最好以自己最熟悉的經驗做素材，以最真實的場景進行敘寫，以最真摯的筆調發抒情感，這樣子成功率比較高。

馬上布局

一、第一段最好直接以記敘文字切入主題，從飢腸轆轆回家吃晚餐的渴望寫起，或者從放學回到家一入門就聞到菜香的喜悅寫起，或者從媽媽在廚房的煎煮炒炸，專心準備晚餐寫起。千萬不要一開始就「民以食為天」泛泛論說起來，談論用餐的重要性啦、家庭快樂的源泉啦、家裡吃飯比較乾淨健康啦等等，這樣子文章開頭的味道將會盡失。

二、不管是用餐前母親做菜的做菜聲、菜香味或是餐桌上各種佳肴的酸甜苦辣，在視覺、聽覺、嗅覺、味覺、觸覺等摹寫修辭技巧上有很好的發揮空間，在文章的開頭或者用餐部分是用得到的，結合譬喻、誇飾、擬人、排比、示現等修辭法的靈活運用，文章的形式表現會有很好的效果。

三、從家庭成員陸續回家到用餐前後的點點滴滴，有很多值得記述的材料，可以根據你的選擇來決定哪些需要詳寫？哪些需要略寫？以及哪些刪除不用？至於全家在餐桌上互動，也需要有豐富的素材：諸如父母的對話、兄弟姊妹的學校趣聞糗事、全家共同的話題等等，這些也要與描寫文做巧妙的連結，實質建構出用餐的具體內容。

四、以記敘文、抒情文、描寫文三種文體結合的寫作，最後應該以「情」來達到感染別人的效果。用餐時分，就是用餐時刻。用餐的「人」與「事」，有記敘的內容需要呈現；用餐的主題—「物」—吃飯，有描寫的表現空間；這篇文章要完美的征服別人，最後還是需要抒「情」，來引起別人的共鳴。不管從人或事或物寫起，最後都應提升到情的昇華，文章才有感動別人的生命力。你要先決定形塑溫馨的或快樂的、滿足的或詼諧的、寂寞的或孤獨的、感傷的或痛苦的，然後再真情流露，娓娓道出，六級分就容易到手了！

笨作文——實戰篇12

題目：「發現生活中的美」

說明：生活中的美，處處都有，但我們常視而不見。如果能用心體會，一首樂曲，一朵野花，人們在運動場上矯健的身手或閱讀時專注的神情，都可以帶給我們美的感受。寫出你在生活中體驗到的美好的人、事或物，以及它給你的感動或啟發。

馬上審題

一、題目：「發現生活中的美」，「美」是這個題目的眼睛，最關鍵的一個字；我們細細推敲命題者的意識可以確知：它已經告訴你，美是存在的，而且是無所不在的。「發現」是動詞，原來只要「用心」，就可以在生活中發現「美」。

二、「美」有哪些理論？不重要！本題是鎖定在「生活中」這個範圍，這一點要抓緊。生活中有「美」，要怎麼得到？「美」不是天上掉下來的，需要你去「發現」。

三、「生活中」，這三個字也是大學問。從說明欄引導文字的訊息中，我們要審慎琢磨這三個字，它不是指要你去發現「故宮博物院」、「羅浮宮」、「大英博物館」等等的文化之美、藝術之美、古物之美……焦點是「日常生活中」美的驚豔。

四、「發現」，是這一篇文章的動力。思考的層次是——「發現」美——美是需要「發現」的——「發現」生活中的美。「美」，這裡指生活中美的感覺。就文體而言，可以交錯運用記敘、抒情、描寫、說明等等，以夾敘夾議為主也是好選擇。

馬上立意

一、大自然到處都有美，所以有人說：人間並不缺少美，是缺少「發現」。天地之間有至美，卻一句話也不吭。所以只要細心尋找、體會，從一般生活中就有取之不盡、用之不竭的美。如果我們不懂得在生活中去感覺無所不在的美，動不動就標榜往國家音樂廳或國家戲劇院、畫廊或美術館買票去尋找一次美的體驗，恐怕也只是庸俗的附庸風雅吧？

二、看來微不足道的日常生活中，平凡、簡單、點點滴滴的食、衣、住、行之中，透過美的沉思，就是美的饗宴。離開了平常又瑣碎的生活枝節，生活就只剩下忙碌與乏味了。同樣是生活，一成不變的機械日子可以是無味的；平淡無奇的悠閒情趣，也可以是擁有美的品味。美，就在我們的生活中；換個角度，用心去感覺，往往美就來了。

三、美不是偉大，也不是高不可攀的，有慧眼就能發現，有感動就有美的澎湃，有專注就有美的存在。美的發現，不必遠求，也不必求人，就從生活中開始；從自己身邊捕捉美，要多少就有多少，想幾回就有幾回。

馬上構思

一、長久以來，藝術家、文學家、哲學家、神學家對美或美學的定義，一直都如萬花筒般多采多姿，有些看法一致、有些很接近、有些也能調和；但是也有強烈對比，甚至爭鋒相對的。美或美學沒有唯一的真理，也許正是它唯一的真理。但是這裡沒有要我們談「美的學問」。從題目來看，不要拉開戰場去談美或美學，我們定調在生活中美的感覺就好。接觸美好事物或有美的觸發，引起內心所產生的感動，就是我們要鮮明掌握的主題意識。

二、如果題目是：「發現美」，那可以大題小作，寫成「發現大自然的美」、「發現生活中的美」、「發現文學世界的美」、「發現人性的美」……現在題目是「發現生活中的美」，有明確的針對性，「小題小作」就能寫得很貼切，真實得很美，美得很真實。

三、美是一種主觀的意識，很難有一定的定義，每個人對美的感受也不一定相同。但是，能讓人的心靈活動，產生心動、感動進而產生愉悅的感覺，卻也是大家對美共同的經驗。美可以是很直接的，美就是一眼瞥見，不加思索的愉快感覺；美也可以是很深層的，美是心靈深處迴盪的感覺。

四、美必須是真的、善的，失去了真與善，同時也就失去了美。在人生每一個有趣的層面或類別都有大量的美，美的形象是豐富充實的，美也是到處出現的，因為人類本性中就普遍有愛美的天性。因為美到處都有，只有真誠、富有感情、同時又能從閒趣中懂得生活的人，才能發現美。美是一種自然的吸引力，但也必須用心靈的慧眼才能看得到，從大自然中或小至生活中，都無法領悟美的人，並不是美不存在，而是沒有發現，自然陷於庸俗的江河而不自知。人生中很多有名有利、有志有業的人，往往也會因為感覺不到美而苦悶沮喪，做任何事，一旦感覺到美，人生可能就遊刃有餘了。

馬上選材

一、誠如說明欄中所言：「生活中的美，處處都有，但我們常視而不見。」飛蝶舞於花間、閒雲飄在山頭、青萍浮於池面、皎月光灑高臺，是視覺美的陶醉。和風吹過松林、細雨滴落芭蕉、蟬鳴楊柳最高枝、春鶯秋蟲、夏雨冬雪、白天聽棋語月下聽蕭吟，這是聽覺美的享受。這些都是我們身邊俯拾可得的大自然之美，不用求之於人，萬物皆備於我。有時候是月光下，有時候是一道溪水流過，駐足一瞧、用心一聽，美就從這裡開始。

二、山光水聲、月色花香，自有美的精華。聽一把老月琴的思想起、莘莘學子的朗朗書聲、老松下忘我的清歌、河邊的擣衣聲、木魚悠悠的梵唱、屋簷下的燕吟……都可以有美的發現；看赤子的手舞足蹈、老叟的雍容慈顏、牆角大方綻放的野花、戴著老花眼鏡編織的老嫗、坐禪沉思的老僧、水田一字排開的春耕、老夫妻挽手閒行的步履……處處都是人生的至美。生活中隨意的一個畫面、每一處細節，都有美的種子。

三、體操選手活靈活現的翻轉美姿、跳高選手的懸空一躍、棒球投手的神來一擲、籃球高手的飛身灌籃、輕柔如波的太極拳路、書法家運筆如飛的遒勁……這是「身力的美」；細心為幼子剪指甲的神情、公園樹下臥讀忘我的專注、禮佛禪修的靜默入定、獨釣溪邊的漁父、凝視一朵花的開放、在牆壁自信塗鴉的稚子、讓座老弱婦孺的學生……這是「心力的美」；一場難忘的回憶、緊急伸出援手的愛心、百思不厭的懷念、一次鄉村的寧靜之旅、布袋戲臺下的近睹、一場熱鬧的廟會、老太婆虔誠的一炷香、老翁悠然餵養雀鳥的一把米……這是「忘情的美」。

四、田徑場上屢仆屢起的奮戰精神、自推輪椅賣公益獎券的殘障人士、背沙包競技求職的失業父親、口足畫家的求生尊嚴、弱智青年在陽光加油站的賣力態度……這是迎接挑戰、不畏橫逆的生命之美。價值是一種美、尊嚴是一種美、態度是一種美、堅忍是一種美、知足也是一種美、精采也是一種美……美讓它出來，生活就處處有驚奇，生命就時時有驚喜。

馬上布局

一、如果能細心體會日常生活中的點點滴滴，不難尋覓到生活中令你心動或感動的經驗，從這些經驗出發，美就一幕一幕出現了。

二、首段不妨從美的曼妙經驗，往往可以在生活中發現寫起，強調處處留心處處都有美，以細細玩味的心，打開心靈世界中好奇的門扉，就能沉醉在美的饗宴之中。

三、第二段以後可以採用輻射型的布局手法，多角度多面向的蒐集生活中的材料，中幅部分兩段三段不嫌少，四段五段不嫌多，看你的材料和寫作時間來做決定。要提醒考生的是：本題的布局愈簡單愈好，除了首尾兩段以外，中間段落每一個段落都可以自成天地，只要鎖定在「生活中的美」的布局安排，大致上都沒有問題。

但是，在謀篇章法的考慮上，最好要考慮到「素材的統一性」，也就是這些素材雖然都是美的材料，不要東寫一個，西抓一個，變成大雜燴，文章就會顯得很冗雜，破壞了文章的美感，那就很可惜了。

四、中間部分以「寫出你在生活中體驗到的美好的人、事或物」，「以及它給你的感動或啟發」。這兩個部分都要顧及到。可以有兩種處理的手法：一個是分開兩大部分寫，另一個是混合寫在一起。另外，「感動」與「啟發」，可以都寫，也可以選擇其中一個寫，因此，這個部分無論採用「抒情」或「說明」兩種表達文字的手法都可以。

五、最末一段，再就「發現」「生活中」的「美」做必要的總結，以與首段做呼應，這篇文章就美了。

笨作文——實戰篇13

題目：「影響我最深的一句話」

說明：也許你有這樣的經驗：一句話的提醒或鼓勵，有時會深深影響著你，甚至令你受益無窮。請你寫出一篇至少涵蓋下列條件的文章：

◎寫出影響你最深的一句話。

◎敘述聽到或看到這句話的場景及感受，並說明這句話對你的影響。

※上述條件順序可自行調整。

馬上審題

一、題目：「影響我最深的一句話」——「影響」，動詞。「我」，主語。「最」，程度副詞。「深」，形容詞。「一句」，是數量詞也是限制詞。「話」，名詞。題目的組成形式可以分成兩部分，「影響我」與「最深的一句話」。其中「影響」與「一句話」，是最具關鍵的兩個詞語。

二、這篇文章的眼目是「一句話」，審辨這個題目成敗的關鍵，也就在這「一句話」。沒有規定這「一句話」要你寫什麼？正是檢驗你「一句定江山」的能力。

這種毫無範圍的寬題，你最好讓它「窄作」在你最熟悉又最有意義，同時又最有發揮空間的「一句話」。「影響」，最好定調在正面的價值，如啟示、警惕、感動等等的思考上。

三、什麼都可以，有無限想像的空間，卻也是多數學生最感困惑的選擇。看起來很好寫，因為不容易離題，怎麼寫怎麼有理。但是，這裡要特別提醒考生：這「一句話」下決定務必要審慎。要揀選你認為最好最滿意的那「一句話」，這樣審題才能發揮最大的效果。

四、文體的選擇要結合事件的記敘、情感的發抒、道理的體認等等。

馬上立意

一、建立這篇「影響我最深的一句話」的意旨，重心要放在如何建構這「一句話」。首先要釐清這個題目的幾個思考點。

第一、影響我最深的這「一句話」，是定位在「聽到或看到」的範疇。

第二、「一句」「提醒」或「鼓勵」的話，「影響自己」甚至讓自己受益無窮。

二、「也許你有這樣的經驗」→「敘述聽到或看到這句話的場景」，可見你在立意的第二步，必須考慮到「敘事」的要件，也就是說你必須敘寫聽到或看到這「影響你最深的一句話」的故事背景。

三、立意還必須考慮到「聽到或看到這句話」的「感受」，這就確立了這篇文章「抒情」的要求。這個部分屬於「情感」的表達。

四、「說明」的最後要求是：「說明這句話對你的影響」，和題目「影響我最深的一句話」，相互呼應，強調論說的內涵，這個部分屬於「理性」的闡釋。

五、這「一句話」，既無類別的限制、也無性質的要求。有三個角度可以做為建立意旨的大方向：

「提醒」→帶有消極的警惕性。

「鼓勵」→帶有積極的引導性。

「受益無窮」→對自己的人生有珍貴的價值性。

六、在把握上列「影響」的三個線索與定位之下，我們提供以下幾個方向來尋找這「一句話」：

（一）人性的箴言；（二）生命的價值；（三）道德秩序高尚人品；（四）激勵心志的格言；（五）感動人心的溫馨語；（六）祖宗遺訓或親人遺言；（七）宗教的教義；（八）聖賢的名言；（九）古今中外的俗諺；（十）社會有價值的流行語；（十一）父母、師長、兄弟、朋友、同學等特定的話語。

馬上構思

一、構思這個題目的藍圖，必須先確定這個題目的立意。要確認這影響自己最深的「一句話」，連帶的要考慮到和這句話息息相關的「事件」。也只有透過這個事件的發展，這篇文章的重心「一句話」，才能具體的展現它的生命力，有事記事、有情抒情、有理說理，以來感動人心或引起喝采。

二、「敘述聽到或看到這句話的場景及感受」，以上文字包括了「故事性」與「情感性」，結合這「一句話」，即事抒情，成為一個完整的有機體。

三、講話的對象不限，可以是祖父母、外公外婆、父親、母親、老師、朋友、同學、村長、計程車司機、鄰居、路人甲……等等。

四、事件或場景的題目，可以是「一場父子（母子）衝突」、「畢業典禮，校長的一席話」、「爸爸的遺言」、「同學的臨別贈言」、「計程車司機的國是論壇」、「報紙上的小廣告」、「電影裡的一段對白」、「花田一路的名言」、「衝！衝！衝！」、「電線桿上的一句話」、「老師生氣了」、「聖經裡的一句話」、「佛曰不可說不可說」、「屠夫說人生」、「麵包師傅的哲學」、「草地狀元」、「阿嬤的心內話」、「歌仔戲的世界」、「王永慶哲學」、「媽媽哭了」、「弟弟懺悔記」、「挑夫的話」、「殯儀館禮儀生」、「婦產科護士的笑靨」、「道士的白布幡」、「○○法師的開示」、「葬歌」……

五、事件的擷取，先決定和這「一句話」息息相關的故事，確認喜、怒或哀、樂的性質，接著全力進行鋪陳敘寫，由「事」入「情」，引出這關鍵的一句話。這「一句話」不管是看到或聽到，都要和這個場景或事件自然而緊密的綰合，這樣整個情境的醞釀才會靈動逼人。

六、由於主題是「影響我最深的一句話」，最後這一句話對你造成怎麼樣的影響？如何讓你「受益無窮」？你必須要說出一番道理或真誠的體悟，讓這一句「最深」的「影響」能合理的落實。

馬上選材

一、如果我們將這篇題目的選材，分成兩個區塊來進行開拓，自然離不開「事件」和那「一句話」。其實這兩者又是「二」而「一」的，為了選材思維方便起見，我們就「一」分為「二」，進行材料大搜尋。

二、具體的事件或場景，我們提出一些可能的腦力激盪，引領同學從自己的生活經驗中，也能順利捕捉或篩選一些適當、漂亮、鮮明的材料。例如：

（一）「熾熱的礦坑內，我們父子汗流浹背的工作，老父一生坎坷，幽幽冒出有感而發的慨嘆，期望我光宗耀祖……」

（二）「絲瓜棚下，祖父握著鋤頭柄，跟我說一段祖先的故事……」

（三）「週日，我照例陪父親出門……拼裝車噗噗噗的慢慢行駛，我在層層疊疊的廢紙堆上，搖搖晃晃，我斗膽向爸爸說：我們的未來在哪裡？爸爸將車子停了下來，黝黑的臉龐移向我……他說……」

（四）「爸爸離開我們家之後，媽媽就獨挑大梁，從來就不准我們跟爸爸聯絡……很多年之後，有一天，爸爸突然回家了……媽媽竟然對我說……」

（五）「暑假我在麥當勞店打工……我不小心把整桶的玉米濃湯打翻了，大家亂成一團……一向嚴格的店長走了過來……我不知所措……店長說……」

（六）「靈堂內一片哀戚，我領頭跪在右側，淚眼早就模糊，有人輕拍我的肩膀，抬頭一看，導師赫然立在眼前，他抿了抿嘴，對我說了一句話……」

（七）「肅穆的教堂內，教友閉目傾聽，○○○神父講了很多的故事，最後他說這就是我們天主教徒一生都要信奉的真理——施比受更有福。」

（八）「電視的○○法師正不疾不徐地開示……鎮江的老和尚看著來來往往的船隻，有感而發的對著身邊的皇帝說：我看到的船隻只有兩艘，一為名來，一為利往……」

（九）「一○○歲的老曾祖母，意有所指對著我說：闊嘴吃得多，還是長命吃得多？」

（十）「一個患有嚴重先天小兒麻痺的女生，看到失去一條腿而憂悶不樂的我……她微笑地說：你一直都是能跑的，只要你的心能跑，你就可以跑得很開心……」

三、本篇最重要的那「一句話」，是文章最核心的「焦點」。你想要得六級分，第一步就是這「一句話」要經典，或者要震撼讀者，或者要感動人心，或者要驚豔八方。如何達到這個效果，是這篇文章優劣成敗的決勝點，我們同樣嘗試提供一些示範性的思索給大家。例如：

（一）「離此一步，即無死所」；（二）「負責就是負責把事做好」；（三）「不要急著做一個成功的人，要在乎能不能做一個有價值的人」；（四）「不要把時間花在你會後悔的地方」；（五）「一分耕耘不見得有一分收穫，一分收穫卻絕對來自一分的耕耘」；（六）「一輪明月，兩袖清風」；（七）「清白傳家」；（八）「有情有義比有名有利重要」；（九）「自己的道路自己開，自己的國家自己救」；（十）「形勢是客觀的，成之於人；力量是主觀的，操之在我」；（十一）「哪裡跌倒，哪裡爬起來」；（十二）「時一過境就遷了」；（十三）「做人求平凡，做事求平實，人生求平淡」；（十四）「做人可以平凡，絕不可以庸俗」；（十五）「長痛不如短痛」；（十六）「用雪亮的眼睛檢驗別人，是天賦；以考查別人的眼睛檢視自己，是智慧」；（十七）「峰高無坦途，絕頂天地寬」；（十八）「行到水窮處，坐看雲起時」；（十九）「上台靠機會，下台靠智慧」；（廿）「不戰而屈人之兵」；（廿一）「自然就是美，流行也是美」；（廿二）「倫理的價值在尊重」；（廿三）「可以做一棵大樹，就不要只做一片葉子」；（廿四）「活著吃一粒豆，贏過死後拜一顆豬頭」；（廿五）「登高可以望遠，躺下可以擁有整片天空」；（廿六）「吃果子，拜樹頭」；（廿七）「破鏡重圓，總是有裂痕的」；（廿八）「手心向上是凡人，手心向下是君子」；（廿九）「JUST DO IT」；（三十）「YES, WE CAN」。

馬上布局

一、整篇文章的大架構，離不開「記敘」+「抒情」+「論說」，說明欄中註明「上述條件順序可自行調整」，就謀篇而言，明白告訴考生可以彈性運用，這是好事。但是，就一般考生而言，由記敘—抒情—論說，是很簡單又很妥當的布局，其實不必刻意變化調整，重要的是結實感人的內容。

二、由一件事寫起，引出本文的核心「一句話」，前半部把重點放在「敘事」的鋪陳和「抒情」的感觸，整個事件的表現要把這「一句話」做為貫串全文的主軸。後半部以說明這句話對你（自己）的影響為中心，筆調以哲理的、人生的、親情的等等為佳。

三、從「一句話」引起的觸角，可以是人生的啟示、生命的轉捩點、親情的交融、友誼的昇華、媽媽的耳提面命、老師的箴言等等。

四、如果布局架構改成論說—記敘—抒情，先說「一句話」對自己的影響，也就是從論說道理起筆，同學容易寫得生硬乏善可陳，未必是一個出奇制勝的好策略。

笨作文——實戰篇 14

題目：「付出與收穫」

說明：俗語常說：「一分耕耘，一分收穫」，但是付出與收穫一定對等嗎？請至少舉一個發生在自己身上的實例，或你所知道的事件、故事，來說明付出與收穫的關係，並論述這個事例帶給你的啟示。

※上述條件順序可自行調整。

馬上審題

一、本題「付出與收穫」，其實題面的意思就是「耕耘與收穫」，只是把「耕耘」換成「付出」的詞語而已。「耕耘」，翻土和除草，泛指農耕之事。一般用來比喻付出勞力或心力。「收穫」，指農作物的收成。比喻因努力而得到的成果或利益。

二、題目「付出與收穫」，就論說文的題型分類來說，它屬於雙軌題（有人叫做雙項題），所謂「雙軌題」，是指題目中包含兩個主旨、意念的命題作文。雙軌題文章應注意兩者之間的「關係」。一般可分為「對立型」、「並重型」、「因果型」、「偏重型」等等。

三、就形式而言，具備兩個相反意念的組合，一般可以視為「對立關係型的雙軌題」，以一定的模式進行寫作。但是在我國文化意義的發展上，有些會隨著人文的特殊經驗，而賦予新的人生或修養的啟示。所以有些題目可能改成「因果關係型」來進行寫作，比較切合題旨。諸如：「耕耘與收穫」、「成功與失敗」、「淚與笑」……同樣的，「付出與收穫」，以因果關係的思維來看待，比較能搔到癢處。

四、論說文大要分成說明文或議論文兩大類，就國中會考作文的命題方向而言，說明文章是主流，議論文體比較少。說明文以闡明題旨、引申義理為主，再輔以例證（含事例、史例、人例、言例），例子要短，不要拖泥帶水，以言簡意賅為佳。

馬上立意

一、我們常說「一分耕耘，一分收穫」、「要怎麼收穫，先怎麼栽」，這兩句是大家耳熟能詳的勵志名言。這兩句話其實說的是真理，原則上來說，真理只有一個，這毋庸置疑，任何成大功立大業的人，絕大部分都離不開這個法則。

二、可是我們檢視現實人生的遭遇，在追求相對的成功之路上，往往出現「一分耕耘，不見得有一分收穫」的事實，很多人似乎都認同這樣的想法。「說明」文字中所提及的——俗話常說：「一分耕耘，一分收穫」，但是「付出與收穫」一定「對等」嗎？命題的目的原來就是要同學發表一下對於耕耘與收穫的心得與認知，進而想檢測你的腦袋瓜能不能提出屬於你自己的想法。

三、我們從反方向想回來：是不是「一分收穫，絕大部分又都來自於一分的耕耘」，除了偶然中出現一兩件意外的驚喜以外，大部分的成就又似乎都不是僥倖可以得之。經過這樣從兩端不同的驗證與批駁，我們如果在「一分耕耘（付出）與一分收穫」的原則下，建立「一分耕耘（付出）不見得有一分收穫，但是一分收穫絕對來自於一分的耕耘（付出）」的主題意識，在合乎原題目的命題與說明文字的反思中，是不是就很漂亮的扣緊命題者的企圖，你也就可以一針見血的深入推闡了！

馬上構思

一、當確定「付出與收穫」的核心論述，要建立在「一分付出，一分收穫」的原則下說理，又要把握「一分付出不見得有一分收穫，但是一分收穫絕對來自於一分付出」的立意。要如何讓自己能掌握「真理」的永恆性，同時又能推闡出「現實」的變異性。看似矛盾，其實又不衝突的合理論述，是這一篇文章原命題最高的測驗目標，同時也是這一篇文章成功與否的關鍵！

二、「說明」文字：「付出與收穫」一定「對等」嗎？是這篇文章真正要鑑察學生寫作能力高下的焦點。以構思的角度看，從「一分付出，一分收穫」基本理論的闡述，過渡到「一分付出不見得有一分收穫」，機伶一點的學生都能抓住這個層面。如果你只能寫到這個層次，其實你只有給「付出與收穫不一定對等或沒有對等」這個是或不是的答案而已，就理論的建構或說理的深度來說，都是不夠精到周密的。

換句話說：能再推向「一分收穫絕大部分來自一分的付出」的構思，這篇文章才算縝密周整，文章的說服力才禁得起檢驗。

三、所以，這篇文章完美的構思，要在「理想」與「現實」之間取得合理的平衡，不只是為了顛覆而顛覆，為了與眾不同而與眾不同。在文章的「破」（打破舊思維）與「立」（建立新思維）之間要建構出人同此心、心同此理的價值，這樣子，文章在不願意落入俗套的創意思考當中，才能端出人人讚賞的牛肉出來！基本的構思我們可以做成這樣的藍圖——從大多數人的人生經驗來檢示：從歷史的恆常真理來說，我們相信「一分付出就會有一分收穫」；但是，從實際人生的遭遇來看：「天下有很多徒勞無功的事，卻很少有不勞而獲的事」。這樣子既不會無理的打破付出與收穫的常道，也能提出自己的合理思維。

馬上選材

一、在「說明」文字中有以下明確的要求，我們分成四節來看：

（一）請至少舉一個發生在自己身上的實例。

（二）或你所知道的事件、故事。

（三）來說明付出與收穫的關係。

（四）並論述這個事例帶給你的啟示。

在基測應考的引導文字中，有些是限制型寫作、有些是提示型寫作；限制型寫作有一定的範疇，提示型的寫作沒有一定的限制；但是對於寫作有指引的作用，學生不可等閒視之。上列文字的重點就是：例子＋說理＋啟示。

二、舉例說明是命題的要求，學生必須圍繞這個要求進行選材；例子的取材可以是發生在自己身上的實例，也可以是聽聞的事件或故事，但是「至少要舉一個」也就是一定要有例子，但是不限於一個（例子舉得多也無妨）。結合立意構思的大方向，你的例子不管是親身或別人或聽來的，「事證」與「說理」一定要夾敘夾說、首尾圓合。

三、「舉例」，是「說理」以外另一個文章成敗的關鍵。如果這個例子完整感人、豐富結實、曲折有致，具有強大的感染力，而且你的文筆又好，那就集中火力，以這個例子做為核心，加上犀利精闢的說理能力，然後從這個敘事說理歸結出你的感受或所受到的啟示，這篇文章就很完整了。

四、一分付出如果一定有一分收穫，為什麼有那麼多人到頭來一場空；小自三更燈火五更雞的莘莘學子，苦讀了三載，結果學業還是不順遂，上不了建中、北一女、中一中、中女中等等；大自焚膏繼晷、孜孜矻矻，努力於事業，很多人不但不能一路蒸蒸日上，反而經營不善、破產倒閉。至於歷史上古今中外很多了不起的人物，終其一生懷才不遇、鎩羽而歸、鬱悶不得志、飲恨而終，更是比比皆是……

五、一分付出為什麼不一定有一分收穫，可能是方向不對、付出不夠、時機不佳、領域不妥、才不適所、策略錯誤、志趣不符、能力不足……反過來說，以上問題如果能適度與及時修正，付出到收穫之路，難度是不是就減少了？例如：王建民棒球打出一片天、楊麗花唱出歌仔戲的世界、林懷民舞出雲門舞集、喬丹神乎其技的籃球天地、張大千的潑墨山水、高行健的諾貝爾文學獎、黃海岱的布袋戲、鼎泰豐的小籠包、不一樣饅頭店的饅頭、成龍的武打成就、李安的電影之路……

六、一分收穫絕對來自於一分的付出，古往今來成大功立大業的歷史人物，都不是偶然的，這是歷史鐵則，任何人的青史地位都不是僥倖得來的。例如：大禹的人溺己溺、后稷的人飢己飢、孔子的有教無類、蘇武牧羊羈留胡地十九年，雖至飲雪吞氈，仍持節不屈、諸葛亮的鞠躬盡瘁死而後已、岳飛的精忠報國、范仲淹的先憂後樂、史可法文天祥的抗敵不屈、句踐卑事夫差終於復國、魏徵進諫不諱、唐太宗從善如流、甘地的不合作運動、愛迪生的無數發明……

馬上布局

一、第一段從因果關係建立「付出與收穫」的恆常價值，闡明「一分付出，一分收穫」的道理，接著以「一分付出不見得有一分收穫，但是一分收穫大多來自於一分的耕耘」概括全文旨趣，具體而微的提示全文重心，清楚明白的揭櫫出寫作的主題意識。千萬不要一開始就舉例、敘說故事。

二、第二段就「付出與收穫」是否存在必然的對等關係，反覆論說，提出質疑，從反面分述「一分付出不見得有一分收穫」的理論；接著從自己的親身經驗或別人的故事為例，深入推闡現實生活中很多「付出不等於收穫」的事證。

三、第三段從正面論述「一分收穫大多來自於一分付出」的道理；接著再列舉事例，從歷史的古今人物中找典型的成功例子，證明「收穫一定要有付出」的必然性。

四、第四段文章再反思翻騰：客觀辯證「一分付出沒有一分收穫」的癥結所在，進而探索「付出」要找對的路，做對的事，決定對的選擇，把握對的時機，運用有效的策略，如此才能接近「收穫」的康莊大道，掌握「收穫」的竅門，克服「收穫」的障礙，完成「付出」的目標。在這個基礎之上，再闡明自己深刻的啟示。

五、第四段你也可以換個角度思考：申說「付出沒有合理收穫」，向來是人生的常態，過程比結果重要。打過美好的仗，人生的價值就已經偉大，收穫不必在我，驕傲卻已然存在。從另一種思維出發，建立人生的奮鬥價值，也是很有說服力的啟示。

六、最後依照你自己的謀篇布局做合理的總結，可以有不同的選擇與見解，但是一定要切記：不可以自相矛盾，文章首尾出現衝突，那就做白工了。最末一段要亮麗有力，文章要一口氣寫到底，結結實實收束。最後再出現故事或例子，都是不明智的安排。

笨作文——實戰篇 15

題目：「我最想完成的一件事」

說明：不同的人生階段，會有不同的目標，為了達成目標，我們會努力去實踐。在課業上，有人想要增強語文能力；在生活上，有人想要改掉自己的壞習慣……請寫出你現在最想完成的一件事，說明為什麼想完成它？並提出具體的做法。

馬上審題

一、題目：「我最想完成的一件事」，仔細來看，「我」是主語，「最」是程度副詞，「想」是副詞，「完成」是動詞，「一件事」是受詞。「一件事」是這篇題目的眼目，是寫作的重心。

二、「最想完成」，簡單的說就是「最想做」或「最希望去做」的意思。「最想完成的一件事」，表示還沒有做到而一直想去做，或者現在的條件或情境之下最渴望去做的事。

三、這「一件事」，沒有設定任何範圍、內容、時空、性質；文字敘述當中，「不同的人生階段」，是唯一明顯的「提示」，所以，從人生經歷或生活層面來決定主題是最理想的。

四、由於題目的主語是「我」，所以從「我」的經驗或願望出發，找自己最熟悉的事件最容易寫得好。另外，說明欄中：「請寫出你現在最想完成的一件事，說明為什麼想完成它？並提出具體的做法。」學生若不細想，會不知不覺的以泛泛說明的文字來進行寫作。「說明為什麼想完成它？並提出具體的做法。」可以以記敘兼抒情（加一點說明）的手法做自然的表達。不要整篇寫成論說文，因為這樣一路寫下去，就乏味無趣了。

馬上立意

一、由於「我最想完成的一件事」，是定位在「不同的人生階段，會有不同的目標」。所以，這個題目在立意之初，建議不要放在「我的志願」或者「我的嚮往」等等這一類談人生願景的大範圍上，因為這樣去尋思，很容易寫得迂闊、無著邊際，跟主題的要求會有距離，寫作的方向也會有所出入。

二、立意要先從幾個角度確認：

（一）從環境來看：家庭、學校、爺爺奶奶或外公外婆家、養老院或育幼院、國內或國外、打工店、ＫＴＶ、市場、海邊、山林……

（二）從對象來分：爺爺奶奶父母兄弟、老師、朋友、同學、女朋友、寵物……

（三）從性質來尋思：功課、感情、交友、嗜好、壞習性、病痛、唱歌、收集、旅遊……

（四）從事件來確認：陪爺爺還鄉、考上前三志願、作文拿六級分、打工幫家裡貼補家用、推輪椅陪父親曬太陽、我能痛快的跑一回、幫爸爸戒菸或戒檳榔、幫阿公打一條圍巾、替總統府的憲兵擦汗、養一條土狗、寫智障弟弟的故事、學會游泳、買一部腳踏車、擁有一個書桌、有一個桌球拍、有一個獨立的房間、王建民的簽名球、成為正義凜然的法官、種一片竹林、開一家寵物店、當一位歌手、教堂上的傳道者、給外婆一個擁抱、帶阿公看歌仔戲、聆聽先父的遺音、替奶奶梳頭髮、為失明的祖母剪指甲、站在病床邊握父親的手、送一束鮮花到奶奶墳前……

馬上構思

一、如果從「學業上」進行構思，優點是最熟悉，以我寫我，俯拾皆是，不怕沒有尋思靈感的空間；缺點是構思容易浮濫，最後都大同小異。以一個面臨會考的國三生，選擇當前的功課壓力來寫最想完成的事，最寫實也最貼切，自然是很好又很實際的切入點，國英數理化……都有好主意的方向。材料能不能翻空出奇？情感能不能波瀾壯闊？事件能不能起伏變化？是構思能不能成功的關鍵。

二、如果從「生活上」來進行構思，優點是一方面材料更多樣多元，另一方面可以跳脫多數學生以學業為主題所造成的雷同危機。不一定如引文所提，只能夠「改掉自己的壞習慣」，諸如：改善父子（或母子）關係、修補同學之間的感情、撮合離異的父母、釐清與朋友間的誤會……等等，這只是生活上的一個點。

三、「生活上」如果要進一步尋繹不同生活經驗的呈現，你能跨越「戒除惡習」的引導文字，事實上有很多溫馨的素材都可以入題，立意一旦突破，構思就兵隨將轉，視野也就寬闊了。只要有關於生活上的小品，能創造喜、怒、哀、樂等完整情境的生活面，都可以好好尋思。例如：「給奶奶一個擁抱」，可以從「思念」的焦點進行構思；「擁有一部腳踏車」，可以從「圓夢」的核心進行思維；「打工貼補家用」，可以從「現實的艱難與親子間的體諒」進行深沉的思索……

四、以親情為主的感性思維，是比較討喜的構思路線。如果你的生活經驗當中，在親情世界有一段印象深刻的「渴望」，或許是真愛的盼望、或許是意外的傷害、或者是真情的陪伴、或者是意外的糾葛、也許是痴心等待、也許是深情回憶、可以是心理的補償、也可以是內心的懊悔……這些都是創造真情流露的好思路。

馬上選材

一、如果你有親情（或友情）之間死別的經驗，「清明節到奶奶（或其他）墳前上一束鮮花」、「好想再聽一聽父親的聲音」、「老師我會拿一張漂亮的成績單到你靈前」、「哥哥，你好好長眠，我幫你讀建中」、「阿弟，我會把小柴帶大」、「黑皮，你放心去吧，我會帶那群兔崽子做好子」……做為你「最想完成的一件事」，從選材而言，素材本身就已經具備很大的感染力了。

二、如果你跟爺爺奶奶或外公外婆有很深的情感故事，「為奶奶梳頭髮」、「為眼睛看不見的阿公剪指甲」、「推著阿嬤的輪椅曬太陽」、「陪爺爺餵雞」、「再跟外婆走一段山路」、「回鄉下給祖母一個深情的擁抱」……做為你「最想完成的一件事」，可以預期也會是一篇篇動人的故事。

三、如果以家裡的生活或成員為素材，也以自己熟悉的生活經驗進行選材，文章的成功率比較高。「爸，你不要再拄著拐杖賣威力彩，讓我假日去打工」、「爺爺，沒地方可以抽菸了，口香糖拿著，我帶你看炊煙」、「他不重，他是我弟弟。來，哥揹你去看野臺戲」、「我要給偉大的殘障爸爸買一部電動車」、「存足了錢，我要買一部拉風的捷安特」……這些寫實的材料，也一定能引起別人的共鳴。

馬上布局

一、引導文字中提及：「請寫出你現在最想完成的一件事，說明為什麼想完成它？並提出具體的做法。」很多學生看到這樣的文字，往往就不知不覺的一問一答，變成寫問答題那就危乎殆哉了。文章根據要求進行寫作，是切題的要件。但是文章畢竟是文章，要經過縝密的謀篇安排，才能漂漂亮亮的端出成功迷人的牛肉來。這一點，同學們一定要切記。

二、生離死別的文章容易感人，但要寫得真誠才會動人。只有短暫五十分鐘的應考作文，沒有必要硬去虛構沒有的事，就中學生而言，不是每一個人都有虛構創造的能力，而且親人不多，也不要隨便消費。在文體上描寫、記敘、抒情都應有所表現。描寫要注意氛圍的塑造，記敘要寫實懇切，抒情要真情流露。從寫人或摹景或記事開始都可以，就是不要泛泛說明，說一些無關痛癢的文字。「情」的表現是這篇文章成敗的關鍵，你可以直接抒情，也可以採取寄託的方式間接抒情，不論由景入情、由事入情、或由人入情，總要關顧到情感的觸發或渲染，情的觸點可深可細、可隱可放、可精可大，這要看你的決定。

三、親情之間的生活小品，處處都有可以挖掘的素材。找外公外婆或爺爺奶奶做為故事的中心，就考生而言，由於真實性強、熟悉度高、表現力也會比較強，布局上的處理比較順手。選擇材料上不怕瑣細，也不怕微不足道，你要把握精緻的處理，刻畫要入微要鮮明，情節要緊湊要起伏，從隱微處表現親情，由小見大，是很多名家成功之處。朱自清的「背影」、琦君的故鄉親情，不都是從尋常日用之間撷起人性的激賞與感動的？

四、以自己家裡頭的生活經驗入題，也是值得鼓勵的。不論你打算寫得熱鬧還是寫得孤寂？或者寫得歡樂還是悲涼？平實的記錄、細膩的描繪、真情的表述仍是感動人心的魅力所在。材料不論大小多寡，在章法布局上要特別留意「人」、「事」、「情」三者之間的安排與組合，要讓故事有頭有尾，要讓情節有起有落，要讓人物個性分明、要讓情感波瀾萬千，有了布局上嚴謹的策畫，內容與形式的美都要講究，能夠這樣，這一篇「我最想完成的一件事」，就不難完成了！

笨作文——實戰篇16

題目：「論交友」

說明：請你寫出一篇至少涵蓋下列內容的文章：

◎論述朋友的重要性。

◎說明你選擇朋友的原則。

馬上審題

一、題目「論交友」，關鍵文眼在「交友」，由於是「論」交友，所以題目是要同學提出自己獨到的見解。

二、「論」，廣義來看，可以當成「分析說明」解釋，是指一般的說明文。狹義來說，應當看成是「論辨說理」來定位，這樣的話，就要朝著議論文的方向來進行寫作了。我個人主張，有空間來表達自己對於交友的獨特看法，是比較討喜的。

三、「交友」，就是結交或選擇朋友。選擇一般性的交朋友，會比寫交特定的「男朋友」或「女朋友」來得好寫，寫作的空間比較大，議論的主軸也比較容易扣得緊。

四、按照說明文字來看，文體的考慮自然要選擇論說文，想要寫得精采，一定要有議論（表達主觀的見解）的打算。要不然，你會寫得人云亦云，搔不到癢處。

馬上立意

一、這篇很通俗的題目，要寫得離題不容易；可是想要寫得好也不簡單。

二、在把握住「說明」的要求之後，馬上要建立提綱挈領的灘頭堡，你可以朝著「知己之交」立意，從理想性切入，強調人生在世，能有幾位知心的朋友，就是最大的幸福。

三、你也可以從「交益友不交損友」去立意，著重朋友有損有益，必須謹慎擇友，方不致誤入歧途，強調審慎交友的區隔性。

四、如果從「廣結善緣」的思維入手，焦點放在人人都有長處，強調胸襟寬闊，友誼天下，從領袖性建立交友的原則，不也可以嗎？

五、思考的角度換成「每個朋友都是一部書」，交友的原則放在成長性與學習性來闡述，當然也能發明新意。

馬上構思

一、交友若以「知友」做為寫作的核心，「寧缺勿濫」是原則。要建構出朋友不重朝夕的交遊，而貴於心神的契合；平日徵逐酒食之友不足惜，經常往來的密友，未必是真朋友；「君子之交淡如水」，真正的朋友見於患難，即使久疏音訊，也不失真摯的友誼。

二、交友若從「損益」做為闡理的意旨，「態度謹慎」是關鍵。「近朱者赤，近墨者黑」，孔子以為「友直，友諒，友多聞」是擇友的標準，以達到「以友輔仁」的目的。千萬別交一些諂媚阿諛、矯揉造作的朋友，而污染了自己。至於不忠不孝之人，人倫滅絕，更須避之為要。

三、交友若從「廣交」出發，也是一條路子。尺有所長寸有所短，沒有樣樣不如自己的朋友。從點頭之交到刎頸之交，人莫不可以為友。有多少胸襟就可以成就多少事業，有多少朋友就可以累積多少資源。所以什麼朋友都可以深淺不一的結交。

四、若以交友當成「學習」，每一個朋友都是一部書，可以取之不竭、用之不盡。性情有豪爽的、有婉約的、有風雅的……學問有專精的、有淵博的……人品有高潔的、剛毅的……對待朋友取其長略其短，人人都有值得學習的一面。

馬上選材

一、**知己之友**：

伯牙鍾子期的知音之交、篤於友誼的管鮑之交、廉頗藺相如的刎頸之交、子桑戶孟子反子琴張的莫逆之交、韓愈孟郊的忘形交、孔融禰衡的忘年之交……都是好材料。禮記：「君子之交淡如水，小人之交甘如醴。」史記：「士為知己者死，女為悅己者容。」說苑：「一死一生，乃知交情；一貧一富，乃知交惡；一貴一賤，交情乃見。」馮珪席：「交不貴多，得一人可勝百人。交不論久，得一日可喻千古。」都是很好的言例。

二、**交益友不交損友**：

論語：子曰：「益者三友，損者三友：友直，友諒，友多聞，益矣！友便辟，友善柔，友便佞，損矣。」曾子曰：「君子以文會友，以友輔仁。」荀子：「蓬生麻中，不扶而直；白沙在涅，與之俱黑。」禮記：「與君子遊，如入芝蘭之室，久而不聞其香……與小人遊，如入鮑魚之肆，久而不聞其臭……」墨子：「染蒼者蒼，染黃者黃。」子夏喪其子而失明，委罪於天，曾子規諫他失禮，就是友直友諒之風；管寧和華歆割席絕交，有他的交友原則。

三、**廣交**：

論語：「見賢思齊焉，見不賢而內自省也。」詩經：「他山之石，可以攻錯……他山之石，可以攻玉。」韓愈：「聞道有先後，術業有專攻。」戰國四公子開養士之風，門下食客動輒數千，孟嘗君為齊相數十年，無纖介之禍。

四、**交友如讀書：**

幽夢影：「對淵博友，如讀異書；對風雅友，如讀名人詩文；對謹飭友，如讀聖賢經傳；對滑稽友，如閱傳奇小說。」每個人的一生都是一部豐富具體主動的書，所以與人交往，就是在讀一本具體感人的書，與多人交往，便是在讀多部各具內涵的書。

馬上布局

一、在「說明」文字中，有兩個基本要求，同學不要忽略了。第一、你一定要提出朋友的重要性；其次，你一定要寫到選擇朋友的原則。由於運用論說文體寫作，所以，說理的闡述與例證的列舉，虛（說理）實（例子）相生，兩相配合是必要的。但總以「說理」為主，「例證」為輔，做為謀篇布局的架構為宜。一般學生會寫一大堆例子，然後輕描淡寫的說這就是○○○的道理，這種寫法最不好，擺明了你沒有說道理的能力。

二、第一段可以從人是群居的動物，不能離群而索居，孤獨而無友；或者「在家千日好，出外一時難」、「在家靠父母，在外靠朋友」寫起，強調沒有朋友就好像沒有雙手一樣，「責善，朋友之道」，能規勸我們走上光明正道而不致誤入歧途的，該是我們的朋友。直接點出「朋友」的重要性。

三、中幅的部分是「豬肚」，不管是決定安排兩段或三段，都要做到豐富結實，最重要是要言之有物，而且要做到見解新穎、不落俗套。從前面所提及的立意構思中的幾個方向，任選一項行文，都會是個四平八穩的安排。綜合起來寫也未嘗不可，路線既多，就要注意不要糾纏雜亂，糟蹋了好材料。

四、決定如何選擇朋友的原則，是這篇文章的成敗關鍵。「深交」的朋友，要建立在結交「知己」的價值之上；「廣交」的立論，要把握住朋友雖有深淺之分，但是要正視每一個朋友的個體價值，天生我材必有用，我們不能忽視每一個朋友的存在價值。天上烏雲那麼多，哪一塊雲要下雨，誰都不知道？真正的朋友，固然見於患難之中，可是你在患難之時，知己之人不見得就在你身邊，所以，朋友多自然也有他的好處。

五、除此之外，當然你也可以從結交朋友的祕訣出發，例如：交朋友要「先施」之，主動伸出友誼的手、關懷的心、善意的微笑、熱烈的情感……也可以從交朋友的智慧展開，例如：「朋友之道，忠告而善道（導）之，不可則止，勿自辱焉。」說明了交朋友的分寸，要拿捏得宜，才不會自取其辱。如果說成「不要結交不如自己的朋友」，這種立論就容易自陷於欠周全的疑慮之中，想想看，準此原則交朋友，「不如你的你不要，比你好的不要你。」請問，是不是人人都沒有朋友了？

笨作文——實戰篇 17

題目：「一次難忘的考試經驗」

說明：每個人都有許多考試的經驗。考試的方式不一定只在教室利用紙筆寫作，你可能被要求在講臺上演奏樂器或唱歌；你也可能在操場上展現運動技能……請就自己的經驗，描述一次難忘的考試經驗，並在敘述中表達令你難忘的原因。

馬上審題

一、題目：「一次難忘的考試經驗」，「一次」，是數量詞，也是限制詞。「難忘的」，是形容詞。「考試經驗」，是全文的寫作重心。

二、範圍定位在「一次」，所以很明確的不能寫成兩次、三次。題目如果是「難忘的考試經驗」，它就不一定限制在「一次」，也可以一次、二次、三次等等不同選擇。千萬不要寫成：「談考試」，這算離題。

三、「難忘的」，定義很寬，它可以是「愉快的」、「開心的」、「難過的」、「困窘的」、「驕傲的」、「自責的」……雖然你有很大的想像空間，但要鎖定自己主題的焦點，才不會搔不到癢處。

四、「考試經驗」，在說明欄中已經講清楚，不限於「紙筆寫作」，選擇性自然就很廣闊。聰明的你，記得要找你記憶中最熟悉最有把握的經驗。

五、文體的選擇，以記敘文為主，描寫文、抒情文為輔，最理想。

馬上立意

一、一說到考試經驗，大多數的考生都身經百戰，別的沒有，我們的莘莘學子都經驗豐富。平常考、段考、模擬考、大考小考、晨考晚考……大家太熟悉了！這個題目在一般共同經驗中的考試，如果不是有「很特別的經歷」，不建議你在考試世界找大家共同的經驗，因為這樣你很容易跟一般考生寫成「一個樣」，分不出好壞，恐怕也就「難忘」不起來了。

二、「立意」想要有吸引力，就要考慮到主旨的新鮮性、創造性、獨特性，進而涵蓋趣味性與文學性。在確定主題的範圍下，建立拍案叫絕的旨趣，這是立意成功的第一步。本題在不違背「一次」的前提下，要積極的抓緊兩個問題：第一個是「難忘的」，第二個是「考試經驗」。

三、「難忘的」，這個籠統的形容詞，你打算如何確定？大致你要先思索寫作的方向，究竟是要朝向：「喜」、「怒」、「哀」、「樂」哪一個路子走去？你是要選擇驚喜的、氣憤的，還是悲傷的、快樂的，只要合乎「難忘的」條件，統統都可以。

四、至於「考試經驗」，說明欄中已經說得很清楚：「考試的方式不一定只在教室利用紙筆寫作，你可能被要求在講臺上演奏樂器或唱歌；你也可能在操場上展現運動技能……」其實這已告訴考生，只要是「考試經驗」，任何形式的「考試」都是合於「立意」的範疇，空間很大，你必須做最好的選擇。根據引導文字，我們可以歸納出下列類型：

第一、傳統的紙筆考試

第二、各類才藝考試

第三、運動技能測驗

馬上構思

一、題目：「一次難忘的考試經驗」，沒有人不會寫，就怕寫得「不痛不癢」，或者寫得「大同小異」，沒有好好構想思考，隨便抓一個，你「難忘」得很通俗，別人很容易就記不得了，那不就很糟糕了？

二、從引導文字的性質來分：有靜態的，也有動態的。抓住你最「難忘的」，就有最精采的可能。如果你仔細衡量在傳統的紙筆考試經驗中，你真的有很難忘同時又足以感動人的經驗，當然也是很好的切入點，沒有什麼不可以入題的。例如：「面對試卷茫茫然，欲哭無淚，老師關懷的摸摸我的頭，示意我沒關係……淚水忍不住奪眶而出……」也可以有很感人的機會。

三、至於「你可能被要求在講臺上演奏樂器或唱歌」，這就是屬於課堂以外的考試經驗了。例如：「音樂老師語帶威脅的聲音，恫嚇全班，明天笛子抽考，要是誰再吹不好，誰就放學留下來罰吹半小時……十八號……慘了是我……緊張得前後都拿反了……該按的孔按不準，不該按的又全按死……全班爆笑……老師說你給我好好站著……天漸漸黑了……笛聲幽怨清遠……我吹給自己聽……」這出糗的笛子考試，不是「難忘」得很經典嗎？

四、「你也可能在操場上展現運動技能……」這個部分告訴我們，運動場上的測驗考試，諸如：競賽、田賽、游泳……也是寫作的好藍圖。例如：「今天是游泳考試，是我的拿手項目，班上都知道我是箇中好手……分到同一組有六位，其他四位都是我的手下敗將，另一位新轉來的同學，肢體殘障……號子一響……浪裡白條，我如魚得水，一入水就領先……一個迴轉，還是第一，但是眼睛的餘光發現，第二道彷彿有個人影在靠近中，越來越近，我加速前進，他越逼越近……不就是那位殘障同學李光嗎？……快了，剩下不到十公尺……他跟我並駕齊驅了，互有領先……

最後他先到終點……」這也是很精采的構思呀！

馬上選材

一、選材是直接跟寫作內容有關的思維，素材不以數量多為可喜，要以精采為可貴，所以選材的精神在嚴格篩選，選出最適當的，才是上策。選得對味——選得好料——選得美妙，寫作會有比較高的成功率。

二、「一次難忘的考試經驗」，它的「難忘」是從「情感」上來感覺的。所以，你要先確認這個「難忘的」考試經驗，有沒有感動自己的力量，才能談到感染別人的效果。「難忘的」，表現在文章情感的強度上是很強烈的，故事的高潮起伏，情節的高妙安排，都要十分講究。因此，這個「考試經驗」，你得好好選一選！

三、「一次可以看課本的考試，有沒有過這樣的經驗？」「被心儀的女生看到舞弊的一場考試，窘不窘？」「監考老師帶報紙監考，發下卷子，就一頭蒙著看報紙……同學在臺下搔動，老師無動於衷，很多同學暗自竊喜，開始進行A計畫，五花八門的作弊方式，紛紛出籠……同學正在心狂火熱之際……倏地，老師迅速下臺，一個個手到擒來……講臺底下兵敗如山倒……原來老師將報紙挖了兩個洞……所有的犯行全都錄……一干罪犯無一倖免……難不難忘？」「新老師第一次小考，說完這是一次榮譽考試就離開教室，班上作弊風氣一向很盛，面對這位大家很崇拜的公民老師……這是一次十分乾淨的考試，難得又難忘。」「小一的唱遊課，期末考茉莉花，規定要邊唱邊跳。輪到我上臺，老師在風琴上彈了幾個音，我就唱起來了，荒腔走板不說，動作錯誤百出，臺下的同學笑得前仆後仰，更糟糕的是，唱到一半動作就用完了，全班更是哄堂大笑……期末成績得了一個大丙。」「單槓引體向上考試，我考前苦練了半天，總是達不到及格的標準，怕同學恥笑，忽然產生逃避的心裡……包著紗布，向體育老師佯稱扭傷……很多同學也都拉得不好，可是都全力以赴，不及格的很多……我坐在沙堆上，看著成績不理想的同學，低著頭沮喪走出單槓場……他們比我勇敢！」以上都有很真切感人的表現空間。

四、其他諸如：「烹飪考試」、「化學實驗考試」、「美術班考試」、「體育班甄選」、「資優班甄選」、「籃球考試」、「讀經考試」、「童子軍資格考試」、「字音字形考試」、「英文口試」、「同樂會的機智問答」、「兒童合唱團甄試」、「珠算升級考試」、「歌仔戲社團期末考試」、「熱舞社表演的測試」、「清明節在列祖列宗前，抽考祖先名諱」、「某一個嚴冬，媽媽幫我溫書考試」、「補習班英文單字大會考」、「新生訓練抽考班上同學名字」、「老師要求全班同學默寫官員的大名」……你一定還有更難忘更有趣的素材，對不對？

馬上布局

一、這種人人都會寫的題目，除了要把握住「某一個特定」「難以忘懷」的「考試經驗」，在素材上費心整理外，整篇文章的章法布局，也要有周全的規畫。段落方面，沒有人規定你一定只能寫四段，基於文章的需要，多寫幾段並無妨。當然也不要搞得支離破碎，弄巧成拙也不好，文章的安排經營，總以自然、合理、完整、周密為宜。

二、以這篇文章來看，首段可以從記敘事件起筆，也可以從描寫人物入手，也不排斥從抒情來渲染。第一段是「鳳首」，給人的第一眼，你打算怎麼裝扮？這是真功夫，也是取得好印象的第一步，應該要好好處理。

三、第二段以後的整個中間「豬肚」部分，要豐富、充實、言之有物。它最少需要兩段，也可能多到三段、四段，來完整交代過程的首尾。整體來說，以事件的敘寫為第一要務，「考試的經驗」在事件情節上，要不蔓不枝的製造起伏、變化與高潮，精緻的文筆是成功的關鍵。事件要如何發展？線索要如何銜接？進行的秩序是要採用順敘、倒敘、插敘或兩線、多線進行，這都是你必須先決定的。

四、命題要求：「請就自己的經驗，描述一次難忘的考試經驗，並在敘述中表達令你難忘的原因。」你仍然可以考慮以記敘、或描寫、或抒情等不同筆調做結尾，讓文章真情流露，並且自然的完成，這樣子，事件的真實感以及文學的趣味，比較出得來。不建議你以泛泛論說的方式來收束，因為你可能跳不出人云亦云的窠臼，而暴露自己制式套用的短處。

笨作文——實戰篇18

題目：「給國中學弟妹們的建議」

說明：即將從國中畢業的你，三年來校園生活的點滴，也許曾有許多美好的事物，希望學弟妹們細心體會，不要輕忽；也許曾有些理想和目標尚未完成，要提醒學弟妹們及時努力，避免遺憾；也許曾有些慘痛的教訓，希望學弟妹們引以為戒，不要重蹈覆轍……請你就課業學習、活動參與、師生互動、朋友交往……各方面的經驗，以過來人的身分，給學弟妹們一些建議。

馬上審題

一、題目：「給國中學弟妹們的建議」，「給」有「提供」的意思。「國中學弟妹們」，是受詞；「建議」，是名詞也有動詞的作用；其中還有一個主語——「我」，省略了。

二、從審題的立場來看，總括說明文字第一段，約略可以分成三部分：一是提出「分享」，二是勉勵「努力」，三是誠心「警惕」。這三個範圍是引導文字所觸及的點，開這三個窗子，其實已經足夠滿足考生寫作的思考空間。但並不是限制性的寫作，如果有更好的思索方向，考生仍然可以決定自己的框架。

三、引導文字中要求「你」提出「自己的經驗」，提供「經驗」給「學弟妹們」。所以，「我」的經驗愈真切、愈熟悉、愈具體，愈好！因此，在進行審題時，題目中所省略的主語——「我」，不能輕忽。切勿作泛泛瞎說，一本正經地盡寫一些自己三年所沒體驗過的心得。

四、就文體來看，由於題目是「經驗」+「建議」，所以，「記敘文」+「說明文」是基本配備。如果文章有需要，「描寫」+「抒情」等文字，也有適度表現的空間。

馬上立意

一、從「題目」和「說明」中已經點明，這是以「學長學姊」對「學弟學妹」的立場提出「建議」。立意的時候，要貼近大家共通的生活歷程，做為經驗談的主軸。剛剛完成國中三年的校園生活，這個縱向的連結要牢牢地抓準。下筆就要像返校對學弟學妹做經驗傳承一樣，在「建議」的框架中，從走過的路去反省、分析、歸納，然後以誠懇、客觀的筆調，提出具體、有用的肺腑之言。重點在「成長」的提醒與「經驗」的薪傳。

二、這篇以「過來人」的心聲，告訴學弟學妹的成長體驗，要考慮到「建設性」、「合理性」、「實用性」。如果定位在「希望學弟學妹們細心體會校園生活中美好的事物」，立意擺在「活動參與」、「師生互動」、「朋友交往」等方向，其實都有很好的創意空間。

三、這篇文章如果打算定位在「曾有些理想和目標尚未完成，應及時努力」，就比較適合集中在「課業學習」上。

四、如果打算鎖定在「錯誤的慘痛教訓，引以為借鏡，不要重蹈覆轍」，那麼立意的考量，不管是「課業學習」、「活動參與」，還是「師生互動」、「朋友交往」，這些都適合拿來建立這篇文章的主旨。

五、引導文字中有正面的陳述，也有負面的說明，都是立意的好主意。其他比較前瞻性的「生涯規畫」、「自我探索」；或者是比較實際的基礎能力培養，如英文的聽說讀寫等等；另外，家庭生活、親子關係，也是成長經驗中很好的立意，不但新鮮度高，又與人生成長息息相關，這也是很好的觸角。

馬上構思

一、校園生活中美的發現，你可以從「人」的經驗進行構思，敘說人性之美，比如：老工友、警衛、義工媽媽……或者師生、朋友、同儕之間純潔的各類情誼，都是很好的材料。也可以從「事」的經歷進行思索，敘說記憶中美的饗宴，例如：課程——美術課、音樂課、童軍課、體育課……社團——公共服務、圖書館服務社、慈幼社、敬老社、書法社、國樂社、管樂社、烹飪社、國術社、流行音樂社、熱舞社……也可以從「物」的印象故事進行搜尋，舉凡景物、動物、靜物、地標、指標性建築物都是構思的點，諸如：手搖校鐘、校樹、校花、校狗、校貓、圖書館、校亭、校池、〇〇銅像、簡陋棒球場、古董廁所、祕密基地、合作社、學生餐廳、學務處、校長室……

二、構思也可以放在課業的「及時把握」，這是國中生最實際的生活面相，也是考生應考作文在構思上最容易觸及的點。寫的人多，構思就要多費一點思量，才不會因為大同小異而受到忽略，這是同學必須注意之處。思考的角度可以放在讀書的具體計畫與有效策略，或者同儕學習的成功經驗、師生答問互動的微妙關係、自修與補習的心得、乃至於各科的學習訣竅等等。

三、提出引以為借鏡或警惕的成長障礙，也有很多構思的空間，大方向如情緒管理、時間管理、生活管理、交友管理、社團管理……等等。

四、其他如人生的探索、引領做自我心靈的追求、初探親情、友情、愛情的世界。還有哲學性、人文性、藝術性的思索，也是一條有深度、有新鮮度的構思之路。身體的鍛鍊、身心的陶冶、培養獨立思考的能力、健全人格的涵養等等，都是成長路上的好方向。

馬上選材

一、無論從「題目」或「說明」的引導文字，我們都可以確知，這篇文章的中心都在國中生活，文章的重點是要你根據自己的「經驗」，對學弟或學妹提出良心的「建議」。宜以國中三年校園點滴為「經」，以理性的呼籲與建言為「緯」，提出具體有效的心得給學弟學妹，才是比較好的規畫，從這個方向進行選材會比較合於主題的要求。

二、校園生活中「美的素材」，有很多可以捕捉入鏡的。以「人」為材料的，如：「回憶默默為校園整理花草樹木的老校工，擷取他的具體事蹟，要及時感恩與關心」、「對於總是一臉微笑，來回穿梭於校園，熱情奉獻的義工媽媽，多多傾聽她們的心內話，會有另一種溫馨的教誨」。以「事」為材料的，例如：「美術課可以學到美的驚豔與悸動，是心靈滋潤的歷程，不要等閒視之；音樂課可以聽到悠揚的籟音、美妙的節奏而陶醉其中，要正視它的價值；體育課是體力的鍛鍊，也是美育的伸展，更是壓力的紓解，要追求力與美的平衡。」「從書法世界領略靜定的修養；從圖書館的書海空間積累知識與智慧；從國術社體會武勇的真諦；從國樂社陶養文化的古調；從敬老社感受以及人之老的推恩精神……」；以「物」為材料的，例如：「校園中的一草一木，一角一隅，都有每個人的祕密基地，你走過有沒有留下痕跡？濃蔭的校樹下你有過幾次深沉的哲思、燦爛的校花下你有過多少次青春的奔放？低沉渾厚悠揚古意的校鐘，曾經帶給你多少次生命的撞擊？亭前池塘優游往來的錦鯉，你曾駐足沉澱其中嗎？綁在老榕樹上的輪胎，你領受過學長苦練棒球的辛酸嗎？……」

三、以最通俗的「課業」做為寫作的重心，你可以從實際面提出有效益的建議，要建立在有「建設性」的框架中，才不會流於人云亦云。例如：「勾勒自己讀書的經驗，運用小組團體協同學習，集合各科專長互通有無，相互打氣，分工合作，共享成功的升學之路」、「從預習—學習—複習的正確學習態度，取代披星戴月、四處奔波的補習歲月；上課專心傾聽，過程用心思考，自發性研讀，積極主動發問，計畫性複習，才是正確學習的面向。盲目追求分數的高低，一味定位排名的先後，迷失在明星學校的熱門志願，都是升學主義下可悲可憐的書蟲……」

四、以「警惕」為素材，可以從大處提出血淋淋的教訓，也可以從小處做一針見血的提醒。例如：「正值青春期的國中生與漸入更年期的父母，都因為情緒容易失控而擦槍走火，跟老師同學亦復如是，這個成長中的障礙，只有做好情緒管理才是根本之計」、「國中生涯，從日出到日落，每個人都不免在升學軌道上載浮載沉，每個人所擁有的時間也都一樣多，只有做好精準的計畫—分配—執行。同時在課業學習、休閒生活、社團交友上做妥當的安排，這樣才能把時間管理處理得周密、流暢、豐富、充實，讓想做的事都能做得好。」

馬上布局

一、應試作文畢竟是作文，作文就必須要有文章的味道。當這個題目寫作的材料做妥適的篩選之後，離寫作就不遠了。考生一定要認知清楚，文章就要有文章的樣子，不管是鳳首、豬肚、豹尾，無非告訴考生，我們在進行寫作時，每一個地方都要講究，每一個環節都要用心，文章要言之有物，做到「合情」或「合理」的境地，才能感動人或說服人。這篇文章千萬不要以問答題的回答方式作答，因為這種以標準答案進行寫作的方式，內容可能很標準很四平八穩，但是很容易流於泛泛說明，沒有文采、沒有美感、沒有骨肉、沒有內涵，這樣的文章就沒有生命了。

二、第一段可以從即將面臨離開校園、驪歌初唱來敘寫自己的心情，可以很理性也可以很感性，也可以兩者兼而有之。文字漂亮優美，如何第一眼就吸引住別人的目光，是首先要考慮的。也可以先景後情，先從寫景下筆，模糊的摹寫校園的景致（因為不能提到校名），後半引起情感的流瀉，一開始就讓「情」汩汩而出。

三、第二段不妨以「回顧」或「反省」的心情，來回憶國中生涯的點點滴滴，從「得」談到「失」，或從「失」談到「得」，或只談「失」或只談「得」，都可以。這一段得意或失意的心境，有了完整的表達之後，就可以自然而然的轉入第三、四段（或三、四、五段），來針對國中學弟學妹提出你具體的建議。

四、文章的中幅要像「豬肚」，是全文的重心，一定要豐富、要裝得多、要言之有物，這篇文章才會結實、才會有分量。至於要分成幾個段落，這全要看你的材料而定，最少要有兩段，三段四段也不嫌多。

五、文章的最後一段，不管應用首尾呼應法、總結法、發抒法、寫景法、回憶法……都沒有什麼不可以。成敗的關鍵，除了內容外，形式上的美是考生要特別注意的。

笨作文——實戰篇19

題目：「一張舊照片」

說明：很多人會利用照片記錄成長的經驗、與他人接觸的情景、環境的變遷以及美麗的景象……等等，請選擇一張令你印象深刻的原因，並詳述照片中的影像及背後的故事。

馬上審題

一、「一張舊照片」——「一張」是數量詞，也是限制詞；「舊」是形容詞；「照片」是名詞，這個題目的關鍵文眼就在「照片」。

二、「一張」是限制的寫作範圍，不能寫成兩張或三張五張。「舊」的照片，也代表著必須選擇過去比較長久以前的照片。透過這樣的思考，審題才算周全。

三、這個題目必須就某一張舊照片中，選擇特定的時間與空間，做為敘述、描寫與抒情的大方向。

四、文體以記敘文為主，結合描寫文與抒情文三種文體一起謀篇最為適當。

馬上立意

一、照片的選擇，決定了文章的內涵，一定要好好沉思想清楚，不要先存有標準答案的想法，不要千篇一律都是「外婆與我」。

二、另外，還有很多學生沒把題目當一回事，寫著寫著就寫成了「談照片」，往照片的意義與照片的價值，天馬行空的寫去，十分不妥，這是五十年來聯考作文的遺毒！

三、人人都有照相的經驗，一張舊照片看似容易寫作，但要寫得好不容易，原因是多數人沒有留心觀察的習慣。所以，好的材料往往就模糊了。既然是一張舊照片，就必須選定最鮮明的某一張舊照片，做為立意的焦點。

四、這一張照片決定了文章的主旨，在篩選時必須好好深思。由於照片沒有任何的限制，所以建立這篇文章的主旨，完全由你決定，從照片的選定，就決定了文章走向的意旨。這種文題的立意，必須十分審慎。

馬上構思

一、照片的內涵，可能是全家、或外公外婆、或爺爺奶奶、或師生、或同學朋友、甚至是寵物等等，必須決定照片，才能確定主旨。

二、照相是大家生活中很熟悉很尋常的片段留影，你選定什麼樣的素材，決定了文章的方向。

三、究竟要喜、怒、哀、樂？完全由你來決定，主題是什麼都無妨，最重要的是這篇立意要抓住以「情」的流露，做為關鍵的呈現。

四、由於照片是靜態的記錄，要讓別人感覺到文章的鮮活感與真實感，就必須在整體設計上有很周全的考量。故事的背景要交代清楚，所以敘事一定要詳盡、曲折、巧妙，讓人有身臨其境的逼真感受。

五、照片少不了人物，不管是單一人物或眾多人物，要根據自己的寫作構思進行精緻的描寫，讓照片中的人物栩栩如生地像站在大家眼前那樣的熟悉。

六、不管你打算怎麼安排處理這一張舊照片的具體內涵，最後一定要做到感染人心，讓人物說話，讓故事說話，讓讀者都隨著你的生花妙筆，很期待同時很樂意的傾聽。

馬上選材

一、如果你打算以「親情」做為選材的考慮，那麼這一張舊照片就應該鎖定在你最熟悉的親人身上，不管是全家福，還是爺爺奶奶、外公外婆、兄弟姊妹、叔叔伯伯……建議你第一個考慮搜尋真實的材料入題，不管是生活中的細節瑣事，還是震撼一時的大事；喜的也罷，悲的也罷，怒的也好，樂的也行，只要你嚴格選材，在決定材料時，自己有感動或難以忘懷的感覺，就統統都是好的素材。每一個人的生活經驗都不相同，千萬不要存有一定要寫什麼的預設立場，倒是要有「我最想要寫些什麼」內容的認知。

二、如果你打算以「友情」或「師生之情」做為發展的主軸，最好也是從記憶中尋找以你發生過的生活點滴，做為寫作的記敘重點。不管是慶生會、球賽、校慶、運動會、校園意外、師生衝突、午餐、補習、聽講、放學途中、送別、歡送老師退休、校外教學、老師生病（生氣）了、車禍、探病、領獎、田野調查、音樂會……只要你覺得是永恆的回憶或是一段刻苦銘心的經歷，寫起來不假思索、得心應手，就容易感人肺腑。

三、照片不一定要在國內或家鄉，異地他鄉的一段旅程或交換學生經驗，異國風情或涉外的情誼，落磯山脈、紐西蘭風光、登臨萬里長城、九寨溝去來、桂林山水、日本溫泉之旅、歐洲非洲澳洲、東南亞東北亞……等等；關山、愛河、阿里山、日月潭、棲蘭山、北濱、南橫、高鐵、捷運、自行車環島、秀姑巒溪、龍山寺、文昌君廟、花東海岸、金馬澎湖、綠島蘭嶼、六合夜市、士林夜市……只要走過，必留下痕跡，這些都是你可能曾經有過的經歷，只要有難忘的回憶，都是入題的好選擇。

四、一張舊照片可以是快樂的、溫馨的、驚喜的、詼諧的、哀戚的、悲慘的……等等的主題方向；也可以定位在慈祥的遺容、剛毅的父愛、母親粗糙的手、滿臉皺紋的阿公、老師的粉筆、外公的搖櫓、清潔工的掃帚、音樂會的指揮棒、民歌手悠揚的歌聲、屠夫的那把刀、比丘尼的銅缽、警察的紅棍子、臨別的飛機場、驪歌、情歌、搖囝仔歌、KTV卡拉OK、山歌、葬歌……素材應有盡有，不要貪多務得，只要找你最想要寫的材料，變出你最上乘的戲法，就是最理想的選擇。

馬上布局

一、第一段可以以記敘文字直接切入主題，從照片中的人物寫起，交代這一張舊照片的時空背景，妥為鋪陳，做為後續故事發展的鋪墊。

二、也可以考慮從寫景做旁襯做引子，將景物做豐富的描摹，或者進行美麗的渲染，將照片所要傳達的故事情節，先做好充足的醞釀，讓整體故事的發展先營造出強烈的氛圍。

三、接著再好好謀篇布局，決定好材料的取捨，進行詳寫與略寫的規畫，在過去與現在之間，追敘與倒敘、插敘之間、人物個性與事件安排，做巧妙曲折的處理。

四、最後再深入思考怎麼樣表現這一篇文章的情感？究竟是要直接抒情？還是要由景入情？或者由事入情？開頭與結局又要怎麼安排？這都是寫作策略必須要顧及到的地方。

笨作文——實戰篇20

題目：「夏天最棒的享受」

說明：豔陽高掛，暑氣炎炎，有時讓人精神振作、充滿活力，有時又使人汗流浹背、苦不堪言。你可能很喜歡在酷熱的夏天裡運動、閱讀、乘涼，甚至吃火鍋……你覺得在夏天最棒的享受是什麼？請寫下你的經驗、感受或想法。

※不可在文中洩漏私人身分。

※不可使用詩歌體。

馬上審題

一、「夏天最棒的享受」，這個題目就組合形式來說，可以分成「夏天」、「最棒的」、「享受」三個部分；其中「最棒的」是用來修飾「享受」的，所以，簡化一點看，焦點可以鎖定在「夏天」與「享受」。「最」，是表示程度的副詞；「棒」，是形容詞，有美好、滿足的意思。

二、「夏天」，看起來是主語，「享受」，是名詞。根據題目的要求，有一個真正的主語——「我」省略了，這樣子判讀比較貼近原命題的精神與要求。

三、既然是「最棒的」，寫「一個」就好，寫成兩、三個反而失焦。時間或季節，點明是「夏天」，其他季節就不要寫進來。

四、「享受」，可以是感官的享受，也可以是心靈的享受，從感官的享受進而發展到精神世界，心物合一，兩種合著寫也可以成立。

五、從說明欄的要求：「你覺得在夏天最棒的享受是什麼？請寫下你的經驗、感受或想法。」這篇文章的體裁，可以記敘文＋描寫文＋抒情文（說明文）做多元的搭配。

馬上立意

一、根據考生寫作的內涵，大致的類別，不出吃冰、吹冷氣、游泳、吃西瓜、打籃球、洗冷水澡……等等，這些通俗的立意，多數定位在生活中比較物質化的「享受」，這樣並不是不可以，只是容易因為大同小異而吃虧。從這個現象可以知道，國中寫作現場「標準化」的嚴重性，考生以追求標準答案的作答經驗，來記敘事件、抒寫情意或論說道理，這是長期以來應試作文千篇一律的遺毒。考生可以試著思索，你可以怎麼寫得既精采又寫得輕鬆呢？

二、一篇好的立意，第一步就贏得先機，容易得到評審的青睞。想想看，立意的視野，如果放大到精神世界的追求，諸如淋雨、觀星、賞月、爬山、傾聽天籟等接近大自然的「享受」，以休閒小品切入，強調心靈的滿足，就能和一般考生的立意做了區隔，是不是寫作的層次比較令人驚喜？再轉換成抒情的情境也比較有表現的空間？

三、立意的醞釀過程，要抓準三個要件。第一、「夏天」；第二、「最棒的」；第三、「享受」。季節已經釘死在「夏天」，這沒有商量的餘地，以其他的季節入題，就明顯離題了。既然是「最棒的」，建議你尋思一件你最愛的、印象最深刻、有強烈感受、不可磨滅的經驗做主旨。「享受」，無論從生活的官能享受，或是從心靈的精神享樂，最後的旨趣都要歸結到「美的喜悅或感動」，如此就是六級分的立意了。

四、立意固然以不同凡響為可貴，但是通俗的意旨也可以出類拔萃，寫作的成功不只是在立意的「對不對」，還要考慮「好不好」，想得六級分的最高祕訣是「美不美」。俗話說：「巧婦難為無米之炊」，有了材料，還要看有沒有好的創意，也就是說，高妙的立意，是表現在它的「創造性」。

馬上構思

一、「構思」要順著立意，依序開展。以下我們提供兩個構思方向供考生參考，第一個從心靈的享受進行思考，另一個從感官的享受進行構思。

二、「夏天最棒的享受」，如果「立意」是站在心靈世界的滿足做為文章的走向，那麼我們思考的藍圖，就會跟絕大多數的考生很不一樣。在多數莘莘學子都還停留在標準答案的寫作習性中，你的「構思」就耳目一新，先下一城了。我們可以從人、事、時、地、物做構想思考的基準，從各種條件的組合來建立主架構，這些條件最好是你最熟悉、最獨特的經驗，除了寫作會比較順手之外，對別人來說，也會比較有吸引力。「人」：可以是外公外婆、爺爺奶奶、奶媽、鄉下老鄰居、一起玩樂的玩伴、老師同學、爸爸媽媽、死黨……「事」：可以是看日出、聽蟬、賞月、釣魚、觀星、捕螢、臥聽蛙啼蟲鳴、聽鬼故事、吹風、淋雨、拉二胡、山邊散步、鐵道獨行、抓蜻蜓、田埂旁打盹、老榕樹下沉思、看雞鴨覓食、餵麻雀、看雲、霧中看山、看海、放風箏、古蹟巡禮、梨山度假、茶山喝烏龍茶、寺廟坐禪、與老和尚對話、趕鴨子、祕密基地傳奇……「時」：小時候、暑假、中元節、鬼月、夏稻收成時、桂圓成熟時、老廟做醮日……「地」：家鄉、海邊、合歡山、○○○名勝、○○○古蹟、阿里山、○○眷村、○○老社區、孔廟、○○○禮拜堂、法鼓山聖地（佛光山、中台山……）、昆明、紐西蘭、承德等避暑勝地、峇里島、普吉島、北海道等旅遊景點……「物」：蟬、老樹、日、月、雲、霧、風、雨、牛、水田、山林、小溪、星光、蟲……例如：「暑假＋鄉下＋啃甘蔗＋表兄妹＋賞月」，做細膩的思考，周密的組合，就是很巧妙的藍圖。

三、即使是「吃冰」，有人得一級分，也有人拿六級分。從具體的感官經驗進行構思，也並非全不可行。吃冰、吹冷氣、游泳、吃西瓜、打籃球、洗冷水澡……這些是絕大多數的學生共同的構思焦點，以大家熟悉並且共同的生活經驗入題，也可以寫得很亮麗，寫作技巧與寫作角度的表現，相對就顯得很重要。如何活用各種文體的表現，是成敗的關鍵。以「吃冰」為例，細膩描述「第一口的冰爽滋味」、具體刻畫「第二口的變化，第三口的陶醉……最後一口的餘韻」，是不是也有感染的力量？「看著冰花堆成了雪白的小山丘，暑氣消了一大半」，摹寫的功力就有可觀之處。立意構思好固然占有優勢，擁有巧妙的寫作能力才是真正致勝的要訣。

馬上選材

一、我們鼓勵同學進行有表現空間的素材，第一、要新鮮；第二、要熟悉；第三、要深刻；第四、要引人入勝。例如：「躺在外婆的茄冬樹下聽故事」、「在阿爸老家的大稻埕撲流螢」、「到外婆的澎湖灣聽浪濤」、「挽著媽媽的手在打狗領事館看落日」、「坐在羅東公園的野臺戲棚邊，看歌仔戲的藝術身段」、「在叔叔的泥鰍養殖場邊，玩爛泥巴」、「挽著老媽的手，回到故居，聽她說一段私密的戀愛故事」、「在大舅的放山雞牧場，享受一趟心靈洗滌之樂」、「在玉山邊眺望大自然，看雲霧聚散，聽一曲天籟」、「陪父親到山溪垂釣，聽老爸的童年往事」、「回到老家大甲，聽阿公在芋田邊講古」、「到武陵農場，臥看清溪中櫻花鉤吻鮭優游自在」、「與堂弟躡手躡腳的在籬笆邊捕蜻蜓」、「坐在田埂邊，悠閒地看白鷺鷥輕點綠波」、「坐渡輪到旗津，到外婆家吹海風、啖海鮮」、「到市立圖書館神遊古今，和蘇東坡遊赤壁、和李白乾杯」、「到故宮博物館看薈萃五千年的精深文化」、「和同學或死黨相約，騎自行車馳騁田間小道」、「與同學相約到〇〇寺，賞古、聞香、聽神」、「在土地公廟的老榕樹下乘涼，看野叟老人聚精會神的對弈」、「回到小學校園辦同學會，會師長、同學團聚、聊天說過去的點點滴滴」……這些不都可能是你最熟悉的經驗？選定一個點，好好盡情寫去，就是一篇好文章。以上都有一趟很好的心靈之旅，由「敘事」到「抒情」，自然而然就美妙起來了！

二、如果你只要選擇夏日生活中的通俗材料，來做為寫作的內涵，從「吃冰」到「游泳」，從「運動」到「吃麻辣火鍋」，從「吹冷氣」到「大口吃西瓜」，也沒有什麼不可以？事實上很多考生都以這類大家共同的經驗做為寫作的素材。材料沒有對錯，看你怎麼處理？好的材料固然有寫作上的優勢，最後的寫作成就，還是要看你「真正的寫作能力」。

三、擁有一流的寫作力，什麼材料都會膾炙人口的。以「打籃球」為例：如果你只是平鋪直敘的敘寫，夏天午後約幾個同學到學校打籃球，那個同學動作很滑稽，某某人很神準，大家打得滿身都是汗水，打完以後，好好的洗個冷水澡，覺得全身舒暢，這是夏天最棒的享受。這樣寫就是「記流水帳」，文章是好不起來的。建議試著這樣寫：首先以夏天的酷熱難耐寫起，以細膩的描寫文字起筆，約一百字摹寫日頭炎熱，渾身不暢快的情景，接著寫你夏日午後的最愛——和幾個球友在籃球場捉對廝殺、或一對一鬥牛、或打半場……讓球場呈現青春洋溢，渾身是勁的氣氛。由於打籃球是全文的主線，所以，精緻的刻畫與描繪是絕對必要的，同時也是寫作成功的關鍵，不管是運球、投球、戰術等技巧的敘述，或汗水、體力、衝勁的摹寫，還有大家談笑風生的寫實等等，在力與美的捕捉上，要有深度的表現，這個部分要安排三百字左右。球場上選定幾個點，來敘寫與描摹競技的動作與進球的快感，球感會讓整篇文章跟著動了起來。後半，看你決定洗一場冷水澡、或吃一碗滿滿的紅豆牛奶冰、或敘寫全身汗水的淋漓走在夕陽西下的回家路上，這些後續的素材，內容比例可以少一點，但是仍有精細寫作的空間，讓它巧妙又不失自然的跟「情」結合，這樣「人」「事」「時」「地」「物」「情」，面面俱到，就可以成就一篇好文章了。

文字、修辭、情感，是本篇成功的要素。

馬上布局

一、一般考生寫作的迷失，是以標準答案的思維來進行寫作，這是長期以來以「選擇題」做為鑑別工具的結果，寫作文不是寫「對」了就算數，它還有「好」與「美」的追求。「夏天最棒的享受」，不是只有吃冰，只要合乎這個題目的題旨，很多素材都可以成立。同學懂得這個最起碼的認知，寫作的空間就馬上鬆綁了。

二、文章不是只能分三段四段，同學不要一味用「套公式」的方式，這樣也是一成不變，造成什麼題目都用同一個手法。文章的布局謀篇可以靈活運用，千萬不要一招半式闖江湖，這樣子你的文章永遠不會進步。

三、記敘文與描寫文、抒情文，不但不是截然切割的，反而往往是「三機一體」，經常是搭配無間的好兄弟；正常而言，一篇文章多多少少都混合著好幾種文體。所以，以記敘文為主的文章，它往往也會運用到描寫文、抒情文等文體，有這個很基本的概念，記敘文就不應該只是記流水帳了。

四、一般而言，根據文章章法布局的需要，記敘文的文章開頭：第一段，你可以考慮以寫景入題，或記事入題，或抒情入題，而且每一種文體做開頭，還可以有很多種策略。不要每篇都要胡亂的泛說一通，先從「享受」瞎扯一陣，這樣子最糟糕。以「夏天最棒的享受」為例：以「寫景入題」來說，你可以寫某一個熟悉的鄉下，進行精美的描寫；也可以一個名勝古蹟進行摹寫；也可以直接對熟悉的夏天進行刻畫，這部分是描寫文的布局，可以善用修辭的表現，以引起別人的激賞。以「記事入題」來說：你可以就每年夏天全家都要到鄉下度假寫起，寫爸爸開休旅車，沿途親情之間的互動……車門打開，阿嬤家到了；你也可以直接把鏡頭放在游泳池或棒球場……讓事件馬上映入眼簾；以「抒情入題」來說，你可以回憶奶奶家的情境，奶奶呵護的祖孫之情，你最熟悉的點點滴滴，不也是很好的開頭嗎？

五、中幅部分（第二段以下）段落不拘，可能是三、四或五、六個段落，這個部分是文章的寫作重心，記敘事件與描寫人物情景，都必須全力著墨，讓故事情節高潮迭起，讓人物典型鮮明，處理過程要有變化，文章才會豐富、充實、並且吸引人。

六、最後一段或兩段，最好以綿密的情懷收尾，不論是親情、友情、師生之情……都在人性的共同經驗中發展，就會扣緊人心，感染別人的情感而引起共鳴。當然整篇文章中處處都可以表現情感，不獨只有文章末尾。文章敘寫的過程中，「由景入情」、「由事入情」、「由物入情」，都可以隨時呈現。如果你目前還不是一個擅長寫文章的人，建議：以「描寫」＋「記敘」＋「抒情」的框架進行布局，章法上可以十拿九穩。

笨作文——實戰篇21

題目：「我從同學身上學到的事」

說明：在我們求學的過程中，曾遇見許多同學。每個同學都有各自的特點，從他們身上，我們可以學到一些事，因而影響了自己的想法或行為。請就你的經驗、感受或想法，寫出從同學身上所學到的事。

馬上審題

一、題目：「我從同學身上學到的事」。「我」，是主語。「從同學身上」——人，是寫作範圍。「事」，是具體內容。「學到」，是寫作焦點，也是這一篇文章的眼睛。

二、這個題目要從「我」出發，條件鎖定在「從同學身上」＋「事」之上，要求把「學到」的內涵，做好具體的表述與深入的反省，才算是周全的文題判讀。

三、本題屬於「限制型」的寫作，同學必須很精準的扣住「學到」的關鍵重點來進行寫作。題型的關係是我＋人＋事，這個「人」只能是「同學」，不能是其他對象。寫成老師、聖賢、朋友、鄰居、父母、兄弟……都不是貼切妥當的。「事」，就有很大的空間，端看你怎麼決定了。

四、「我」不能不小心忽略了，也不能寫成「他或她」。文體的處理宜以記敘＋描述＋抒情（或論說），三或四種文體都要雨露均霑，這樣子判定題目的寫作思考，才算完備。

馬上立意

一、從立意來看，要把握主旨「學到」的寫作關鍵，就必須確知「說明」欄中，進一步的提示：「……我們可以學到一些事，**因而影響了自己的想法或行為**」，這些文字明白要求考生，「感受或想法」是最重要的表現部分。如果以「感受」為主，重點要放在「抒情」，以「想法」為主，方向就放在「論說」。兩者兼顧，分別表述，也是一種選擇。

二、其次，要根據「同學身上所發生的事」，才能有所體會或感同身受。所以，「我」從同學身上所看到的「經驗」，就顯得很重要，必須有五分之二到五分之三篇幅的陳述，「事件」的記述才夠清楚。寫到「事」就離不開「人」，「人」和「事」的描摹與鋪陳，要完整、清楚、精采。

三、「學到的事」，可以正面的也可以負面的，發生在校內的或發生在校外的，有簡單的也有複雜的；事件的性質，自然也可以在喜、怒、哀、樂中任意選定。建議考生從過往回憶中找「事」來寫，這樣立意比較真實、自然、順手。

馬上構思

一、進行構思要分兩個方向來尋思，一個是「經驗」——「事件」，另一個是「感受或想法」。很多考生全面性的放在「事件」的記敘，然後頭大尾小的隨意做結論，或者置事實於不顧，直接從「感受或想法」大篇幅著手，這樣在構思上，都是犯了「顧此失彼」的毛病。只有「透過事件來引起情感」或者「透過事件來引起論說道理」，這篇文章才有可看性。

二、「事件」的構想，最理想的自然是尋繹同學之間的生活經驗，但是要考慮到它的合適性、感動性或啟發性。例如：「身體殘障」、「力爭上游」、「樂於助人」、「樂觀進取」、「無畏逆境」、「自力更生」、「擺地攤」、「癌末病情」、「犧牲奉獻」、「熱心服務」、「認真負責」；「自暴自棄的求學歷程」、「自私自利的模範生」、「塗改分數的作弊行為」、「酷愛名牌的心理」、「尖酸不屑的刻薄表情」、「妒忌怕輸的猜疑心」……任何引起你感動或感慨的事件，都是構思的好事件。

三、「感受」或「想法」的思維，「感受」，可以分成感動或感慨的情緒反應，以「情感」上的震盪起伏為主要的思考；「想法」，大致就以道理上有正向價值的領悟，或者引以為戒的警惕為主要省思的內涵。

四、打算以「想法」做為「學到」的具體內容，那麼道理的認知、領會是主要的方向，省思部分要有鮮明的主要。例如：「自信」、「勇敢」、「熱情」、「謙卑」、「堅毅」、「滿足」、「幸福」、「快樂」、「健康」、「誠實」、「認錯」、「貼心」、「卓越」、「韌性」、「安靜」、「溫和」、「合群」、「溝通」、「傾聽」、「孝順」、「忠心」、「主動」、「面對」、「光明」、「扶助」、「承當」、「負責」……反面的警惕也可以成立，例如：「恐懼」、「自私」、「孤獨」、「妒忌」、「猜疑」、「暴躁」、「貪心」、「虛榮」、「自大」、「傲慢」、「懦弱」、「冷漠」、「偏見」、「小器」、「詭詐」、「輸不起」、「猶豫」、「不安」、「懶惰」、「骯髒」、「狂妄」、「智障」、「奢侈」……都有很大的發揮空間。

馬上選材

一、由於題目是：「我從同學身上學到的事」，「說明」欄中又明確指出：「在我們求學的過程中，曾遇見許多同學。每個同學都有各自的特點，從他們身上，我們可以學到一些事。」所以，寫出從「同學」身上所學到的「事」，是表達「自己過去經驗」的唯一範圍，離開了「同學的事」，再好的素材都是不適當的。

二、將記敘兼描摹的「同學的事」＋「自己內心的感受」或者「引起自己的想法（領悟、反省、借鏡、警惕……）」，是這篇文章的兩大或三大要求，也就是說「發生在同學身上的事」，跟延伸而出的情感或說理要緊密連結，兩者或三者的素材比例也要做適當的安排。由同學的事件發展出的「情感」，力求真摯，才會動人；引申出的「想法」，做到理性、客觀、中肯，才能服人。

三、國中生活比國小豐富、熟悉，除非有特別的經歷，建議選材仍以國中三年中的生活點滴或印象深刻的回憶為主，寫起來會比較得心應手。以下舉一些實例給同學做參考。正面的事例例如：「罹患白血症末期的〇〇〇同學，堅持要到校上課」＋「領悟生命的韌性」；「〇〇〇同學升旗暈倒，放學後長期陪失業的父母擺地攤的事曝光，感動全班，因而當選模範生」＋「珍惜自己擁有的幸福」；「父母因車禍意外雙亡，婉拒全班的捐款，利用課餘打工，一肩挑起扶養爺爺奶奶的責任」＋「勇敢與擔當的可貴」；「〇〇〇同學功課全校第一名，低調不自誇耀，臉上經常掛著微笑，主動幫助學業有疑難的同學」＋「越卓越要越謙卑」；「〇〇〇同學數學不開竅，考試堅持不作弊」＋「誠實是人的基本價值」。負面的事例例如：「〇〇〇是班上永遠的第二名，他老是懷疑老師打分數不公平」＋「猜疑、妒忌，牢騷滿腹，這是自苦」；「〇〇〇每天坐名車上學，穿名牌，奢侈浪費，掛在嘴邊的都是流行時髦的精品店、最前衛的餐廳」＋「奢侈、虛榮」；「〇〇〇大小考試都要跟老師斤斤計較成績，簡直到了錙銖必較的地步」＋「小器、貪心、輸不起」；「〇〇〇功課名列前茅，談吐之間目空一切，臭屁得不得了」＋「自大、傲慢、狂妄」……

馬上布局

一、在凸顯人物與事件時，要善用描寫文與記敘文，人物形象鮮明，情節刻畫細膩，有助於襯托出主人翁的「特質」。記述人物事件，考生最容易犯的兩個問題：要嘛：「對於事件的前因後果，寫得又臭又長，鉅細靡遺，不知剪裁，令人不忍卒讀」；要嘛就是：「簡略記錄，以為大家都和你的同學很熟一樣，人物的特質模糊不清，組合不起來」，千萬不要犯這樣的毛病。

二、寫作的謀篇布局，可以有三種選擇，愈簡單愈好，不要東拉西扯：

第一、按照「事件」→「感受」。

第二、按照「事件」→「想法」。

第三、按照「事件」↓「感受」↓「想法」。

三、第一部分記敘「事件」，要精準，要明快，要豐富，要有起伏變化；由於事件是建立在「人物」之上，所以，人物的適度刻畫是必要的，這樣有助於事件的鮮明度，讓讀者很容易就進入你的故事世界而不陌生。這部分的文字篇幅，安排50%左右為原則，根據實際的需求可以彈性增減，但不宜虎頭蛇尾，也不要頭輕腳重。段落以三到四個段落為宜。

四、第二部分抒情要真切，以人性的共同經驗為基礎，比較容易感動人。如果打算以論說的方式來建立自己的「想法」，焦點要凸出，不要主題分散或浮泛不精。大致來說，章法布局以兩段為宜。如果「感受」與「想法」，你都想寫進去，那麼你可以考慮，第一部分「經驗」部分寫三段，「感受」部分寫兩段，「想法」部分安排在最後，以一個段落做結。

笨作文——實戰篇22

題目：「成功與失敗」

說明：請舉出一個具體的例證來說明成功與失敗的關係。

馬上審題

一、本題「成功與失敗」，這個看似老掉牙的題目，依然成為師大心測中心國中會考寫作測驗的測試題目。人人都看得懂，也人人都會寫，問題是多數的考生會覺得寫完就寫完了，自己也心知肚明，文章本身沒有特別的感染力或說服力。這種困擾幾乎大家都有過，作文題面越是簡單越是容易懂的，看起來人人都會寫的，真能寫得好的沒幾個。

二、題目「成功與失敗」，參加應考的考生，一定要清楚，就論說文的分類來說，這種題型屬於雙軌題，有人稱做雙項題。「雙軌題」的定義，是指一個論說文中包含兩個主題的作文題。習慣上，它分成「對立型」、「並重（立）型」、「因果型」、「偏重型」等等。雙軌題的文章，首先要確立這兩個意念的「關係」。

三、從題目的形式上來看，具備兩個相反意念的組合，一般可以視為「對立關係的雙軌題」，以「起正反合」的謀篇模式進行寫作。但是，在我們民族文化的發展過程中，有些會隨著人文的特殊價值概念，而賦予新的人生修養的體悟。所以明明是「對立關係」的題面，有些題目往往採用「因果關係型」來進行章法布局，更有表現的空間。像「耕耘與收穫」、「得失之間」、「淚與笑」、「好與壞」、「捨與得」……以及本題「成功與失敗」，以「因果關係型」的思維進行審辨，比較能揮灑自如，搔到癢處。

四、這篇文章指定考生舉一個例子進行寫作，所以「夾敘夾議」，是最簡單的處理手法。說明文以闡明道理為主，例證為輔。雖然要考生舉例，但是真正要檢驗的目標，是要看考生如何說明道理，闡述旨趣。你打算如何自圓其說呢？

馬上立意

一、很多考生從審題到立意，容易順著題面的詞意就下斷語，思考不深刻，立意太膚淺，往往一個模式，一用就是十數年，這樣寫作是不會進步的！以這個題目來說，很多考生不假思索就選擇「對立關係」進行寫作，重點往往放在「要成功不要失敗」、「沒有成功就會失敗」、「常常失敗就不會成功」、「成功是彩色的，失敗是黑白的」……這種非甲即乙，或者非乙即甲的論述手法，是最通俗也是最呆板的思維。

二、可是在我們人生的實際情境中，我們更奉為圭臬的是：「失敗為成功之母」，在老祖宗的文化氛圍中，我們深深體會人生不如意事十之八九，我們都理解一帆風順的人生，不是真實的人生。所以，「失敗」與「成功」之間的關係，以「因果關係」做連結，反而是我們更熟悉的生活觀。

三、當「失敗」為「成功」之母，成了這篇文章「立意」的主調之後。「失敗」是「因」，「成功」是「果」，這種關係要很清楚的確立，因為後續的「構思」、「選材」、「布局」……都從這裡出發。

馬上構思

一、長久以來，要成功不要失敗，只能成功不准失敗，成了一般人對學業事業的基本信仰。成功是座上賓，失敗是階下囚；成功是贏家，失敗是輸家。這種截然劃分的得失，一直主導著庸俗人生的價值觀，這是把人生的成敗套在名利競爭的基礎之上。聰明的考生，我們不要這樣一成不變的跟著寫。在人生的經驗中，畢竟失敗的多，成功的少。絕大多數的人嘗盡失敗的痛苦，在實際人生的勝負中，成功又少得可憐；那麼正視失敗的經驗與價值，所衍生的生命力，恐怕比一味追求成功要來得真實。

二、所以，我們從「因果關係」的雙軌論說出發，緊扣著「失敗為成功之母」的信念，自然就無畏於現實人生一切的挑戰。成功的「偶然性」低，需要很多條件的配合，才能成事；失敗的「必然性」多，這是人生的常態，失敗了好好反省，修正後重新來過。這是中華民族的共同人生，如何「面對失敗」，是「獲得成功」的最好途徑。

三、在人生的舞臺上，「立於不敗之地」是硬裡子功夫，「成功的果實」是自然發展的結果。所以，從「面對失敗」→「不怕失敗」→「立於不敗」，是成長的堅韌歷程。原來人生成功的錦囊妙計，都是在失敗的汁液中萃取而出的。失敗，不但不要消極的逃避，更要積極的面對，找出失敗的理由，才不會重蹈覆轍，也才能醞釀出成功的美酒。

四、成功何足貴，那是面對重重挑戰的結果，真正的成功都不是僥倖的；失敗不可悲，它是「重生」、「再生」、「新生」的力量，不斷的失敗往往就是成功的基石。所以，人不用害怕失敗，只要堅持信念，找出原因，努力奮鬥，重新出發，失敗就是成功的開始。不怕失敗，就是成功的基礎。

馬上選材

一、在說明欄中只有一行字：「請舉出一個具體的例證來說明成功與失敗的關係。」引導文字這麼簡短，截至目前，我們所見過的國中會考寫作測驗試題中，就屬這一題給的條件最少。

二、歷年基測（會考）作文寫作試題和預試用的測試題，在引導文字當中，大致以「限制型寫作」與「提示型寫作」為主，考生要把握這樣的原則與趨勢。以本題而論：就是典型的限制型寫作。「例子＋說理」，是說明欄的所有訊息，實際進行寫作時，不妨可以豐富成：「例子＋說理＋啟示」。

三、「舉例＋說明」是命題的要求，考生必須很清楚的圍繞這個要求進行選材。例子的取材要審慎選取。「請舉出一個具體的例證」，所以一定要有例子，但是不要多舉，「一個就好」。

四、由於限定只要一個例子，所以這個例子，變得很重要。這個例子必須經典、結實、完整，最重要的是要能夠謹嚴周密的「說明成功與失敗的關係」。建議這個例子要有「充分的代表性」，所以以古人古事（含外國人）或名人名事為例，選定已有明確的歷史定位作對象，比較恰當。自己親身經歷或聽來的普通例子，文章選材的成功率比較低。

五、如果選定「因果關係型」作為方向：要鮮明的闡述失敗與成功之間的「因」「果」關係，簡單地說，就是好好說明「失敗為成功之母」的核心價值，失敗是淬鍊，淬鍊越多鐵越鋼，失敗越多人越強。在失敗與成功之間再以「恆其志」做連結，這個說理才會漂亮，所謂「有志者事竟成」，失敗的代價才能落實在成功之上。也可以考慮從奮鬥中充實人生出發，闡釋克服逆境，就是成功的墊腳石。國父領導革命，歷經十次失敗，不屈不撓，終於建立民國；法人巴律西改良磁器，屢次失敗，傾家蕩產，最後獲致成功；美國羅斯福幼患有小兒痲痺症，歷經身體的不便，終而貴為美國總統；貝多芬克服耳聾的障礙，創作不朽名曲。其他如美國盲人海倫凱勒奉獻一生為殘障者奔波的偉大事蹟；發明大王愛迪生實驗千餘次，終於發明電燈；居禮夫人不斷努力研究，終於發現鐳質，獲得諾貝爾獎；舜發於畎畝之中，傅說舉於版築之間，膠鬲舉於魚鹽之中，管仲舉於士，這些都是生於憂患而成功的典範；詩聖杜甫讀書破萬卷，撚斷千根鬚，才寫出永垂不朽的詩篇；鄭豐喜先生不因腳殘而沉淪，積極向學，克服逆境，成為殘而不廢的最佳典範；其他對日抗戰的始末、杏林子劉俠女士的故事、口足畫家謝坤山、楊恩典奮鬥的人生……等等。都是舉例的方向。

馬上布局

一、根據命題的要求，這一篇文章最好「敘」、「議」結合，不管「先敘後議」，或者「先議後敘」，或者「夾敘夾議」，都要有首有尾，也就是要有開頭的總論，以及結尾的總收。很多考生往往劈頭就把例子端出來，這樣子拿不到五級分以上，如果一開始就舉例說故事，文章無頭無尾，離離落落，就是典型的文不成章，不建議這樣開頭。

二、第一階段從因果關係建立「失敗為成功之母」的永恆價值，闡述人生並不圓滿，也不可能事事都十全十美，現實人生中多的是橫逆、挫敗、憂患，多難可以興邦，失敗就是醞釀成功的契機，將一切的不如意與失敗當作挑戰與淬鍊，就沒有衝不破的難關，也沒有成不了的事功。概括全篇的旨趣，提出全文的重心，清楚明白的揭櫫出「失敗是因，成功是果」的主題意識。

二、第二階段為了充實理論的建立，進一步推闡「失敗與成功」的因果關係，好好蓄積文章的氣勢，圓圓融融地提出自己漂亮的主張。然後自然而然的帶入故事的事例，由於這個故事是要證明成功與失敗的主題，想要讓兩者之間的關係，說明清楚圓通周全，這個例子一定要十分典型，也就是要有失敗到成功的發展過程，同時要讓「不屈不撓」、「愈挫愈勇」、「水到渠成」、「堅忍圖成」等不怕失敗的精神合理的呈現，當中最好再貫串「立恆志」的核心價值。這個部分可以分成「兩個段落」實施，如何進行由考生決定，決定的原則，要看你是要先敘述例子再論說，還是要先論說再舉例，當然也可以一邊敘述一邊論說，看你選擇的材料和個人寫作的習慣來做安排。

三、第三階段至少可以有三個謀篇布局上的考慮：

第一個就是開頭起筆後，接著依照「例子＋說理＋結尾」，順勢完成第四段，做合理的總結。

第二個就是「開頭＋例子＋說理＋啟示＋結尾」，多一個「啟示」的段落，最後再做總結。

第三個就是「開頭＋例子＋說理＋轉論＋結尾」之後，做個轉折，換個角度思考，提出奮鬥人生的價值，不是靠成功做為檢驗的唯一標準，越挫越勇，成功不必在我，可能是更偉大的「成就」，更卓越的昇華。

笨作文——實戰篇 23

題目：「體諒別人的辛勞」

說明：一天的生活當中，有許多人為我們做許多事，不可能凡事只靠自己。如果能多體諒別人，懂得感謝和寬容，不僅自己覺得快樂，家庭、社會也將會更溫馨和諧。想一想：在你的生活周遭，親長、朋友、社會大眾……哪些人為你付出、為你服務？你應當用什麼樣的心態、行動來面對或回報他們？若他們的付出或服務不能盡如你意時，你又該如何？

馬上審題

一、題目「體諒別人的辛勞」：「體諒」，是動詞。「別人」，是主詞。「辛勞」，是「名詞」。題目的組成形式可以分成兩部分——「體諒」與「別人的辛勞」。其中「體諒」，是題目的「重點」；「別人的辛勞」，是題目的「範圍」。

二、凡事站在別人的立場想一想，是「體諒」這個關鍵詞的精神，必須先審慎了解。

三、「別人的辛勞」，範圍很廣。拆開來看，「別人的」和「辛勞」，同樣沒有明指，可以界定的路線與方向，也很大很寬，考生打算寫「什麼人」和「什麼事」，都由考生決定。「範圍大」，這是國中會考作文命題的基本精神。

四、文體的選擇，下列兩種思考，可以參考。第一種是有具體的敘述，以及有抽象的論說：邊敘述邊論說，或者先敘述後論說，或者先論說後敘述，三者都可以。第二種是有記敘、有抒情、有說明，也就是從敘「事」，發展到抒「情」，再推展到說「理」。

馬上立意

一、這篇文章最重要的寫作焦點，要放在「體諒」這個詞語的認知與闡述。「體諒」，是「體會諒解」之意。放大來看，就是：「設身處地為他人著想」；簡要地說就是「恕道」。「將心比心」是「體諒」的理論思維，「體諒」是「恕道」的具體實踐。換個角度，從別人的心情、立場想回來，是體諒的真正意涵。充分了解「體諒」的道理，再進一步談闡述發揮才會落實。

二、在記「事」上，要考慮到的層面有兩個：第一個是「別人」，第二個是「辛勞」。「別人」的對象要放在「誰的身上」？父母、親人、師長、朋友、同學或者其他各行各業的人物，都是很好的選擇，一切要由考生來決定。「辛勞」，此處是形容詞當名詞用，所以，要把重點擺在「具體的事實」。父親——在外奔波；母親——料理家務（加上職業婦女）；師長——諄諄教誨；朋友——分勞解憂；同學——幹部服務。其他如警察指揮交通、清道夫默默打掃、警衛夜以繼日、生命線救人第一、軍人捍衛國家、法官打擊犯罪……

三、建立這一篇文章的意旨，說理的點要精準不要瞎扯，要搔到癢處不要浮泛，

「體諒」要集中在「諒解、感恩、寬容」之上，因為生活中不能只靠自己，家庭是親人的愛護，每個成員要同心協力；社會是群體的組合，每個行業要分工合作。人人為我，我為人人，家庭就會圓滿，社會就有溫情，國家就能和諧。

四、這個題目如果只有「體諒」二字，跟「體諒別人的辛勞」是大同小異的。多了「別人的辛勞」，對考生的好處是提供了可以建構出具體的「人與事」，讓文章寫實貼切，為「體諒」的闡述提供有效的內涵。所以考生要把握這個有利點，從生活周遭捕捉你最熟悉的素材，從這個「熟悉的素材」，進而表現「感人的體會」。這樣子文章的「事」、「理」、「情」，就面面俱到了。

馬上構思

一、構思要先從靈感的捕捉開始，「別人的辛勞」這個範圍，要鎖定它的具體「人物」和「事件」。

二、從「人物」來看：引導文字中——「想一想：在你的生活周遭，親長、朋友、社會大眾……哪些人為你付出、為你服務？」透露出來的訊息並不複雜，提示或者說要求的材料，都幾乎是我們生活中熟悉的對象——「親長、朋友、社會大眾……」，沒有要你寫特定的、偉大的、明星的、歷史的大人物。所以，從自己最有把握的對象找素材，是最簡單最省事也是最聰明的選擇，千萬不要捨近求遠，也不要亂出奇招。不經大腦思考，隨便寫一些不痛不癢或亂打高空的俗料，這是最壞的打算。找一個對你最有寫作空間，對你最有意義的對象入題，就是好的構思計畫。

三、從事件來看：雖然看似沒有提出「事件」的線索，然而在引導文字中——「一天的生活當中，有許多人為我們做許多事，不可能凡事只靠自己。」我們從「許多人」中確定「對象」之後，接著就是要選擇「事件」。別人的「辛勞」，是從「許多事」中擷取的。整體來看，「人物」和「事件」必須一致，不能脫勾，這樣焦點就能集中。

四、記敘的構思，敲定之後，接著就是「說理」的構思。同樣在引導文字中可以找到適當的線索——「如果能多體諒別人，懂得感謝和寬容，不僅自己覺得快樂，家庭、社會也將會更溫馨和諧。」當「別人的辛勞」藉著「人物」與「事件」具體化，分別做好描寫與記敘的完整構思之後，透過分析、歸納，綜合提出所要闡論的道理。「多體諒別人」→「懂得感謝和寬容」→「自己覺得快樂」→「家庭、社會也將會更溫馨和諧」，從這樣的發展程序，可以確知「多體諒別人」，產生的效益，「人」——可以從自己到別人，甚至發展到社會國家；「事」——可以由個人快樂推論到社會溫馨和諧。論說的核心，要扣緊「懂得感謝和寬容」，不要失焦，「體諒別人的辛勞」

的立論與說理才能落實。

五、當然在「體諒別人的辛勞」的「事」、「理」之外，「情」，也有表現的空間。因為由「事」到「情」或由「人」到「情」，不管是「直接抒情」或者是「間接抒情」，自然就能連結起來。「情」的觸及，有很微妙的寫作效益，不要失去了這個契機，多少不拘，濃淡皆宜。

馬上選材

一、從選材的角度來看，「體諒」和「別人的辛勞」，是「說理」和「敘事」的組合。要詮釋「體會諒解」的道理，離不開從「別人的辛勞」中，提供具體、豐富、有效的故事情節。反過來看也是同樣的意思，敘寫「別人的辛勞」，就是要做為闡論體諒——「感謝、寬容」的基礎。所以，「敘事」與「說理」，必須環環相扣。

二、具體的材料部分，我們可以試著以下列生活中的事例——闡論，引導大家展開腦力激盪，從自己周遭的生活世界中全面去搜尋去發現，自己有把握的材料，最有可能發揮得最好。

（一）手捧著登記簿、佩著臂章，嚴峻的站在校門口的糾察隊，面對面有難色的遲到同學，大公無私的記錄班級姓名座號——很多人封他們為扒糞的狗腿仔，這是十分不理性的反撲。他們是秉公處理，不但不應責備，應該得到更多的掌聲。

（二）衛生股長大聲吆喝，指名道姓的要求同學到外掃區掃地，經常招致班上同學的抱怨與奚落，所以每次改選幹部，衛生股長最不容易順利選出——為班上服務，負責認真，承擔生活競賽的成敗，應該正面給他（她）支持才對。

（三）媽媽每天嘮嘮叨叨，總是為了一點芝麻綠豆般的小事囉嗦個沒完，常和哥哥、姊姊槓上，最後總是在大小聲、哭哭啼啼下落幕，家裡氣氛總是很差——我們應該將心比心，恨鐵不成鋼、望子成龍、望女成鳳，是每一個做父母的共同期盼。我們應先反省自己才是正途。

（四）交通警察到處在取締違規的車輛，可是，每次開罰單時，總是見到劍拔弩張的尷尬場面，很少是愉快收場的——大眾行人在馬路上要得到安全的保障，就應該要排除一切違反交通安全的行為，警察捍衛交通安全應該得到充分的支持。

（五）義工在廟會中指揮大家遵守秩序，有時候會因為身分的關係，善男信女並不放在眼裡，有時候還會起衝突——犧牲奉獻是最難得的付出，義工應該贏得更多的尊重與支持。

馬上布局

一、這篇有敘事、有說理甚至帶有抒情的文章，在布局的謀篇設計上，以真實的故事＋真情的流露＋合理的闡述，做為整篇文章的安排是基本的間架結構。不管是小故事大道理或者是小故事小道理，都有寫作的空間。不管故事大小或道理大小，都能產生很好的共鳴效果。布局處理得宜，往往也會有意想不到的吸引力。

二、第一段要從敘事開端或者從說理起筆，都行得通。可以考慮下列七種基本組合，任選一種，進行謀篇布局：

第一、總說＋敘事＋說理＋敘事＋說理＋結論

第二、敘事＋說理＋敘事＋說理＋總結

第三、總說＋敘事＋敘事＋說理＋總結

第四、說理＋敘事＋敘事（抒情）＋說理＋結論

第五、起筆＋承筆（敘事）＋轉筆（抒情）＋再轉（說理）＋總結

第六、起筆＋記敘＋抒情＋說理＋總結

第七、起筆（說理）＋記敘＋說理＋總結

三、事件的選擇要經典鮮明，記述要具體翔實，修辭要多采多姿，文字要生動靈活，不要形成流水帳。由於題目是理性的呼喚，所以正面的布局會比較理想。有必要抒情時，也以真誠的筆調為佳。

四、這篇文章雖然有很多種布局的選擇，但是「體諒」的說理或「真情」的體諒，是值得當作最重要的重心來看。「理」放在「恕道」的闡述，「己所不欲，勿施於人」→「己所欲，施於人」，是一條線；「己所不欲，施於人」→「己所欲，不施於人」，也是一條線。反覆推闡，道理就愈說愈周延，說服力就愈來愈強了。

笨作文——實戰篇24

題目：「……帶給我快樂」

說明：居禮夫人說：「世上最快樂的事，莫過於為理想奮鬥。」梁啟超說：「責任完了，算是人生一件樂事。」然而，明末張潮卻隨筆寫下：「人莫樂於閒。」因為「閒」就能讀書、旅遊、交友……等。總之，快樂是我們所需求的，也是幸福人生所不可或缺的要素，但是真正的快樂到底是什麼？細翻自己人生的扉頁，你曾真心感受過什麼喜悅的事嗎？請從自己的實際生活經驗出發，以「……帶給我快樂」為題，寫一篇完整的文章。

馬上審題

一、題目：「……帶給我快樂」，刪節號「……」，是主語，可是題目沒明確指示具體的內容，範圍很廣很大。就審題的立場，首先要確立這個開放空間的主題。「帶給」是動詞，「我」與「快樂」，都是受詞。

二、這個題目從「因果關係」命題，「……」是「因」，「快樂」是果。所以，「……」要建立在和「快樂」緊密的關係上。「因」、「果」的鋪陳，要首尾完整。「因」——「……」是鋪寫的重點，輕重的安排要得宜。

三、由於要求從自己的實際生活經驗出發，文體的選擇以「夾敘夾議」最理想，「記敘文」為主，「論說文」為輔，有必要也可以以「抒情文」代替論說文字。

馬上立意

一、「……帶給我快樂」，文題沒有給指定的主題，學生做任何選擇都可以，這是好事；要費心找主題，這是難事。

二、關於「……」，引導文字中舉了三個例子：「為理想奮鬥」、「完成責任」、「自在得閒」，這是主軸。表現的形式，以具體鮮明的經驗找素材，材料要豐富完整，在選定材料的基礎上，再與「帶給我快樂」，做緊密的連結，前半以記敘為主，後半以論說為主。

三、「為理想奮鬥」——可以是課業上的力爭上游、校內校外各種比賽、克服身殘以手代足、出身寒微光宗耀祖、家庭變故半工半讀、癌末煎熬力學不輟……找這一類的故事，好好組織成文。

四、「完成責任」——可以是擔任班級幹部熱心負責、大隊接力最後一棒保持戰果、班級合唱指揮贏得喝采、詩歌朗誦脫穎而出、英文話劇圓滿成功、公共服務努力不懈、擔任各科小老師盡心盡力……重點放在自我實現的實際經驗。

五、「自在得閒」——「心閒」能陶醉大自然、「身閒」可以旅遊大江南北、「氣閒」可以神遊古人。優游書海能滌盡俗慮、山水忘我能偷得閒趣、尚友古人能陶冶養志、放鬆心情能優游閒境……寫一段「得閒」的經驗，為「快樂」下個註腳，也有很好的表現空間。

馬上構思

一、如果立意上你沒有特別的創新，引導文字中：「快樂是我們所需求的，也是幸福人生所不可或缺的要素，但是真正的快樂到底是什麼？細翻自己人生的扉頁，你曾真心感受過什麼喜悅的事嗎？」你也能在：居禮夫人所說的「為理想奮鬥」定調；或者可以在梁啟超所強調的：「完成責任」找材料；或者喜歡在張潮《幽夢影》所標榜的：「人莫樂於閒」，找寫作的出路。那麼構思就很明確，可以在「立意」之後順勢發展，完成周密的構思。

二、立意構思用心深入，往往能先勝一著，無形中作品就已經比別人多了一份吸引力，鼓勵同學好好從自己的身邊經驗去發現。其實同學憑藉自己的生活經驗去提煉去思維，就是最好的捷徑。經驗熟悉、情節真實、感受深刻，發而為文，寫作的成功率自然就高了。寫作不是缺乏題材，是缺乏發現。

三、在「帶給我快樂」的原則上，同學可以試圖大膽進行構思。我們提供三條思考的通路，讓同學做開放性的飛翔。**在這樣的基礎上去建構完整的故事**。

（一）修為上：

「嚴格的要求自己」——不隨波逐流、不自怨自艾、不自甘墮落。從自己做人做事的原則上去尋找、去建立自己的品牌。

「肯定自己，讚美別人」——重視自己的存在價值，也能讚賞別人的成就。

「不怕別人贏，不怕自己輸」——主觀的正視自己的努力，客觀的接受別人的勝利。

（二）**生活上**：

「積極進取，不屈不撓」——主動追求自己的人生方向，跌倒了爬起來，要具備永遠打不死的精神。

「堅持品味，追求卓越」——熱愛自己鮮明的形象，一步一腳印，追求最美麗的目標。

「盡其在我，永不放棄」——發揮最大的潛能，沒有成功，永遠不改變自己的意志。

（三）**精神上**：

「達觀超越，忘懷得失」——打完美麗的一仗，能坦然接受最後的結果，不患得患失。堅持過程比結果重要的信念。

「知止知足，幸福圓滿」——知道自己的能耐而不妄求，幸福常存；降低自己的滿足點而不懈怠，圓滿自在。

「放下捨得，平常隨心」——放下過度的追求，因緣平常；能捨也能得，隨心寡欲。

馬上選材

一、開放性的題目，第一個要領就必須先釐清主題，文章的重點才能鮮明，主軸才會清楚。這個題目可以分成兩部分看，第一部分是：「……」；第二部分是：「帶給我快樂」。從選材來看，「……」是這個運思階段的焦點。不管你只想打算鎖定引導文字的範圍，擇一入題。或者從自己的認知與經驗中另外選定，材料一定要豐富、典型、飽滿，並且能讓「帶給我快樂」有很合理詮釋的空間。

二、以居禮夫人所說：「世上最快樂的事，莫過於為理想奮鬥。」為例，你要確認有沒有這樣的經驗？千萬不要瞎掰。如果你熱愛棒球，國小高年級棒球的學習經驗，流汗與流血的親身體驗，以及圍繞在棒球與我的奮鬥歲月，都是你材料蒐集捕捉的範圍，你是投手、捕手、還是游擊手，你如何從板凳球員到一軍球員？掌聲與噓聲、落寞與歡呼、教練與球員、南征與北討……它帶給你什麼樣的辛酸就有什麼樣的快樂。你的棒球夢想，想成為王建民、郭泓志或胡金龍？夢想雖然還沒有兌現，追求的過程卻有喜、怒、哀、樂。由這樣的夾敘夾議，內容才會引人入勝。其他的材料，可以按照這個原則進行設計與寫作。

三、引導文字中有簡單的意念提供給考生，「快樂是我們所需求的，也是幸福人生所不可或缺的要素，但是真正的快樂到底是什麼？」梁啟超有另一種思考，他說：「責任完了，算是人生一件樂事。」「盡了責任」，是梁啟超為快樂所下的定義。責任是什麼？負責是做錯事由我來承擔？還是說負責就是負責把事情做好？「責任完了」，當然是要把事情做得盡善盡美，才能「算是人生一件樂事」。同樣的，在你的生活或學習經驗中，有沒有你完成父母或師長所交辦的美麗回憶？這個事件的情節發展如何曲折變化、感人肺腑是一回事，最後的結束是好的結局才合理，所謂的「人生樂事」才能真正落實。

四、「然而，明末張潮卻隨筆寫下：『人莫樂於閒。』因為『閒』就能讀書、旅遊、交友……等。」引導文字三個例子，以張潮《幽夢影》的這一句話最討喜，有閒情才能聽見大自然的聲音、有閒心才能看見大自然的美景。張潮還說：「月下聽禪，旨趣益遠；月下說劍，肝膽益真；月下論詩，風致益幽；月下對美人，情意益篤。」沒有閒心，行嗎？又說：「樓上看山，城頭看雪，燈前看月，舟中看霞，月下看美人，另是一番情境。」沒有閒情，哪來如此逸致？浮生處處忙？茫？盲？天天馬不停蹄，片刻不得閒。可是匆匆歲月總是催人老，轉眼之間就是暮境，與其蒼蒼白髮再徒呼奈何，不如把握人生，創造自己的快樂。就算偷得浮生半日閒，也算剎那就是永恆啊！你有哪些閒趣？你有過哪些陶醉的經驗？聽一場音樂會、看一晌午的書、作一幅畫、讀一首詩、一段悠閒的散步、一場祖孫的對話、一回孺慕之情、一次山水的洗禮、一個臨流垂釣、一次山巔春吶、看一池春水、聽滔滔海浪、聞一夏禪唱、山中聽梵唄佛音、教堂一個午後的合掌祈禱、松下聽琴、夏夜聽秋蟲、澗邊聽瀑布……有很多的閒事、閒情、閒心、閒意、閒趣，創造了閒境，你一定有過這樣的經驗，信手拈來，都是曼妙的詩篇，快樂就在其中。

馬上布局

一、由於文題的「主語範圍」，是由寫作者自行訂定，究竟什麼樣的經驗，「帶給我快樂」這個結果，是這篇文章的關鍵，也是章法布局的決定因子。好比引導文字中有三個例子，可以歸成兩類：其一，「為理想奮鬥」或「完成責任」的親身經歷（故事），布局上比較適合夾敘夾議或先敘後議的安排。其二，「得閒自在」，在記敘文與論說文的搭配原則下，「描寫文字」與「抒情文字」就有比較多的機會粉墨登場，這樣子，「閒趣」的妝點才不會太生冷乏味。

二、第一個方法：首段可以考慮先以總說的手法，扼要說明「……帶給我快樂」的原因，以來凸顯自己心目中的快樂到底是什麼？第二、三、四段就自己實際的生活經驗，將自己刻苦銘心的喜樂之事完整記敘，第五段（或五、六段）把自己真心體會的道理，好好闡述一番，先敘後議或邊敘述邊論說，都是很好的思考。

結構設計：總說＋記敘（事）＋記敘（事）＋記敘（事）＋論說（理）＋論說（理）＋總結（由事寫到理，總述說明「……帶給我快樂」的結論）。

三、第二個方法：首段可以直接以記敘（事）或描寫（景）入手，然後二、三、四段分別以記述（事）、描摹（景）、發抒（情）巧妙結合，呈現一件自己親身的真實經歷，然後自然的過渡到情理的感受（快樂的情）與體會（快樂的理）。

結構設計：記敘（事）或描寫（景）起筆＋描寫＋記敘＋抒情＋說理（體悟道理）兼抒情（抒寫懷抱與感受）。

笨作文——實戰篇 25

題目：「常常，我想起那雙手」

說明：在成長過程中，或許有那麼一雙手，常常出現在你腦海。它可能是親人的手、老師的手，是農夫、畫家的手；也可能是乞求的手、掙扎的手，是撫慰、指引的手……每當你想起那雙手，心中就充滿感觸。請寫出那雙你常常想起的手，以及它帶給你的感受、影響或啟發。

※不可在文中洩漏私人身分。

※不可使用詩歌體。

馬上審題

一、題目：「常常，我想起那雙手」，句法並不尋常，比較像詩的句型。「常常」，是時間副詞，依照我國語法，這樣單獨使用，並不常見，但是整個題目來看並沒有影響題目的理解。正常的語序，應該寫成「我常常想起那雙手」或者「那雙我常常想起的手」。

二、「常常，我想起那雙手」，「常常」是表示「時間」的副詞，對主語來說，有強調經常性、持續性的意味。「我」，是主詞。「想起」，是動詞。「那雙手」，是受詞。

三、「那雙手」，是全題的焦點，同時也是範圍。就範圍來說，又包括兩部分：一個是：「雙手」，指示很明確，不要脫離「雙手」這個具象。其次是：「那」，這個「那」字，對「雙手」而言，有限制性。對「人」這個對象而言，看似有範圍，其實是完全開放、沒有限制的。從這一雙手「引出」人事時地物，再發展到情感的昇華或道理的感悟，是審題上最佳的捷徑。

四、「我常常想起」，這裡明白要求考生以「第一人稱」的敘述手法進行寫作。

不要寫成第二人稱——「你」或第三人稱——「他（她）」的敘述手法。

五、會讓「我」常常想起的人與事，不外乎親情、友情、愛情等等。所以必須有人物、事件、情節、情感，甚至於寫景、摹聲，發展到說理評論都可以。就文體而言：描寫、記敘、抒情、議論、說明等文體，都有運用到的機會。

馬上立意

一、這個題目想要寫得好，在立意的醞釀過程中，至少必須考慮三個層面：第一、人物要確定；第二、主題焦點要確定；第三、情理的延伸要確定。換句話說：人物對象要鮮明，事件情節要豐富，情感的表現或道理的體悟要拿捏得宜。

二、考生對於「那雙手」的處理，多數以父親、母親、老師的手為主。其實所「想」的究竟是「哪」一雙手並不是關鍵，重要的是怎麼樣立這一篇文章的意趣，你能不能擷取最有表現空間的主意，讓作品深化動人、感染人心就是好方向。

三、本題的意涵，在說明欄的文字中，其實已經講得很清楚。例如：具體形象的人物部分提出了親人的手、老師的手、農夫的手、畫家的手。從這些面向很廣的例子，聰明的考生應該知道，這個題目其實任何具象的手，都可以入題。除了上述幾個特定例子外，不管是血濃於水的親人、恩重如山的恩人、景仰崇敬的偉人……都是可以任意考慮的。基本原則是深不深刻？出不出色？感不感人？

四、換個角度，引文中關於抽象的手——「情感印象的手」，有「乞求的手」、「掙扎的手」、「撫慰的手」、「指引的手」。引導文字中，這個部分對考生的提示價值比較大。這些意象鮮明的例子，有影像的巧妙意識，也有動態的逼真定位，在深化主題與腦力激盪上效益更大。這個部分可以和具體的人物結合，並不衝突。

五、引文之末：「每當你想起那雙手，心中就充滿感觸」，可見「情感的共鳴效度」是本題立意上成敗的關鍵，這個部分是這篇文章可以刻意著墨的「點」。由於最後提到：「請寫出那雙你常常想起的手，以及它帶給你的感受、影響或啟發」，整體強調：在「記敘」、「描寫」的基礎上，必須再選擇「抒情」或「論說」，延伸發展。抒情是一條路，論說也是一條路，如果篇幅照顧得宜，兩者得兼，也行得通。

馬上構思

一、構思可以全方位的搜尋，但是，如果不熟悉，或者沒把握、隨意聽來的故事都不是你構思上的好選擇，特別是面對在很短時間之內必須寫完的應試作文。建議考生要找已經相當成熟，經過個人生命經驗中發酵醞釀已久的材料，來進行構想思考，會比較順利完整周密，信手拈來，寫作成功率也比較高。

二、從「那雙手」引出人物，再從衍生的事件，好好鋪敘情節，摹寫人物景物，進而結合情感世界的觸發或者對個人人生的啟迪、影響，這是比較穩當的構想思路。由於是「常常想起」「那雙手」，你文章的敘寫表現或情感的收放，都要像電影所輸出的影像畫面一般，讓讀者充分接收到具體有料的內容，讀你的文章像看一場感人肺腑的電影，這篇文章就成功了。

三、「構思」的藍圖，要隨著立意的精神開展。以下我們提供兩個構思的層次提供考生參考，第一個從特定對象的「具體的手」（父母、師長、各行各業具象的手）進行思考，感恩、反省、懷念是所要推升的寫作高點。另一個從精神層面「抽象的手」（乞求的手、掙扎的手、撫慰的手、指引的手……）進行構思，透過人物形象表現出來的價值印象，開啟感性與理性的奔馳。

四、進行構思時，美好比正確重要。不要一找到了不離題的材料就下筆，這樣雖然也可以完稿，但是可能失去了一次檢視的機會，更好的構思可能因此就忽略掉了。所以除了引導文字中這些提示以外，我們可以再放大視野去捕捉，找最好的構思，畫出最得意的藍圖。具體人物的那雙手，還有醫生的手、修機車的黑手、陶藝家的手、麵包師傅烘焙的手、木匠的巧手、運動家籃球的手棒球投手、烹調廚師的手、公車司機握緊方向盤的手、中醫師把脈診病的手、魔術師神奇的手、書法家蒼勁有力的手、服裝設計師的手、採茶老人的手、老船長撒網的手、獨釣溪邊隱士的手、商人觥籌乾杯的手、謀略家運籌帷幄的手、消防人員救災國軍救難的手、情人潔白纖細的手、外科醫師仁心仁術的手、襁褓中自我吸吮的手……你是不是覺得已經可以找到那雙手了呢？找你熟悉的人，就可以找到熟悉的手——那雙最深情動人的手。

五、抽象的、無形的「那雙手」，在形塑人物個性形象上，往往有很大的神奇效果。除了引導文字中所觸及以外，例如：溫暖的手、勤奮的手、鞭策的手、奮鬥的手、希望的手、關懷的手、奉獻的手、莊嚴的手、可歌可泣的手、合作的手、理想的手、給予的手、原諒的手、美善的手……這些無非都是從「那雙手」過渡到感恩或感激、感謝的情懷，總以正向的思維比較有發展性。

六、如果要從比較客觀的方向進行構思與敘寫，那崇拜景仰是可以考慮的方向。例如：熱心推動輪椅的手、工傷殘廢的手、楊恩典以腳替代的手、畫家謝坤山以口代手、飢餓三十難民的手、聖嚴法師雙掌合十的手、觀音大士救苦救難慈悲的手、德雷莎修女祈禱的手、牧師佈道大會上救贖的手、支持群眾熱情洋溢的手、揚威海外投手丘上王建民的大手……

七、有人可能主張從反面構思，創造更鮮明的思維，只要有豐富的材料，又能貼近主題，是值得鼓勵的。要注意的是，這個另類思考有沒有感動人心、引起共鳴，寫作的取捨與安排，就要特別費心！例如：家暴的手、恐怖的手、無情的手、貪婪的手、懶惰的手……至於十分負面的構思，就不要考慮了，例如：看不見的幕後黑手、黑白掛勾的髒手、貪污舞弊無恥的手、惡魔的手、色迷迷的鹹豬手、勒索的手、乘人不備的三隻手……這種險棋不值得下。畢竟這個題目，以感恩懷念來定調才是作文路上的康莊大道。

馬上選材

一、這個題目以影像畫面式來作鮮明的呈現，是比較討喜的手法。大抵而言，以敘寫鋪陳為主的記敘文，都可以當成電影編導的手法來設計，像影像輸出畫面，最容易也最直接可以達到扣人心弦的效果。以記敘文兼抒情文為主的寫作，總是要牢記下列幾個鐵則：第一、人物事件要熟悉；第二、情節選材要新鮮；第三、主題意識要深刻；第四、情感發想要引人入勝。

二、找你最熟悉的經驗，找你生命世界醞釀最深最久最難忘的素材，選定一個焦點人物，好好細膩刻畫、好好盡情寫去，就不難寫成一篇好文章。不管你要不要從引導文字中依樣畫葫蘆，從中找靈感，逕行寫作。或者不考慮命題引導的例子，另闢蹊徑，做自己文章的主人，從自己出發，找自己最愛的材料。由「敘事」、「摹寫」到「抒情」或者「悟理」，面面俱到，有條不紊，也會寫出好文章，果真如此，自然而然別人就會常常想起你那一篇文章！

三、選材除了在消極上要避免離題之外，更要積極的嚴格篩選，選對了跟選得好選得精采，會直接影響作品的發展與結果，不可不慎。以下舉幾個例子，提供同學們參考。例如：

（一）走在老鐵道旁，我常常想起阿公以長滿厚繭的大手牽著我的小手，訴說他的水田人生，以及臺灣牛的精神。他離開人世已經好幾年了，那條熟悉的路，他從來不曾消失過。留在我手掌心的「勤奮」二字是阿公精神的印記。

（二）從小獨力拉拔我們長大的母親，她靠著巧妙的廚藝，在破落的牆角擺起麵攤子，從小媽媽總是以溫暖的手抱著我們兄妹倆，要我們一起同甘共苦。從小到大，黃昏時刻，我跟妹妹一直都很聽話的洗碗、收盤、擦桌子，我最喜歡看著媽媽靈活操刀切小菜的俐落刀功，一下兩下三下，出神入化，上下迭起的切麵藝術。我每天看著，一年兩年三年，永不厭倦，看著她熟練的手藝、看著她漸老、看著她生命的韌性、看著她從不說出口的愛……

（三）一個很尋常的夜晚，月亮高掛，籬落邊秋蟲唧唧，大地睡得很沉。忽然，床搖地動，掛在牆上的、擺在櫃子裡的，匡郎匡郎掉一地，地牛深沉地吼，彷彿天崩地裂，地震來了……我們家南北向變成東西向，鄰居房子塌了，走了位，開始聽到哭聲。我們僥倖沒事，繞著竹林往右拐，接近茶娘她家，茶影婆娑，隱約聽到她低沉的哀嚎：「我的子啊！我的子啊……」看到我們，她急著狂叫：「緊來救伊，緊來救伊……」黑夜的月光下，她徒手挖著土，那雙手血跡斑斑，她邊喊邊挖，兩隻手像個機械臂一樣，掘，掘，掘，不斷地掘，手，沒看她停過……

（四）院子裡圍滿了人，荷槍實彈的警察、霹靂小組、專案小組，把大頭仔的家團團圍住，外面在心戰喊話，大頭仔一夥人盤據在穀倉西邊，氣氛詭異，一片死寂，警察們的額頭汗涔涔下。指揮官眼神專注，看了看手表，他耐心有限，跟組長交頭接耳一陣……大頭仔這邊機槍的保險，喀喀已開。形勢緊張，一觸即發。驀然，一個老太婆從客廳大門走了出來，指揮官探頭一看，是大頭仔的老母，走到稻埕中央，她雙掌合十，向天行個禮，向層層包圍的警察們再行個禮，然後一個轉身，她走向穀倉，坐了下來，仍然雙掌合十，微弱的發出聲音：「大頭仔，出來……」沒有回應。一陣淒厲的高亢劃破天空：「大頭仔出來！」……大頭仔出來了……大頭仔出來了……四個人依序舉起手，魚貫而出。她雙掌合十，走回屋內……

三、擁有扎實的寫作力，什麼材料都足以引人入勝。那雙手的刻畫，那個人的故事情節等素材，要好好鋪敘。情感的渲染這個部分，有精細寫作的空間，讓它巧妙又不失自然的跟主題的「那雙手」結合，這樣「人」「事」「時」「地」「物」「情」，面面俱到，就可以成就一篇好文章了。文字、修辭、情感，是本篇成功的要素。

馬上布局

一、這篇文章的布局安排，大略看去，文章的焦點是「那雙手」，所以記敘文、描寫文兩種文體是基本配備。「常常我想起」，抒情文的分量自然要加重，如果考慮到引導文字的說明提示，「影響」、「啟發」，就有說理空間的選擇，因此論說文也可以考慮在文章的最後以一番說理文字作結。不過，如果沒有特別的說理魅力，完全放在敘事摹寫抒情的文體設計，是比較自然的選擇。

二、文章開頭可以從那一雙手開始寫起，再由「手」發展→人→情（理）。如果以「那雙手」做開頭，建議同學起筆就要以精緻細膩的刻畫摹寫入題，展現精巧的寫作力，善用各種文字形式的表現，第一時間就讓你的寫作功力贏得青睞。不同的人物有不同人物的外型與特質，那一雙手是要根據真正的對象去摹寫表現，千萬不可標準化，每一雙手都長得不一樣，遭遇也有不同，要解決這個問題，最好的方法就是寫你熟識的人，根據你長期的觀察，信手拈來，就會栩栩如生。

三、記敘文的文章開頭，也可以考慮以寫景入題，或記事入題，或抒情入題。根據你結構布局的思考，放膽子去設計安排，愈自然愈順暢，不要每次一起筆都要胡亂的自說自話，瞎扯一陣，文章寫作的壓力就下來了。以一次返鄉祭祖的內心悸動，想起祖母，連結到某一段記憶深處的祖孫情，透過「那雙手」定調，不也是很自然的筆觸嗎？或者以雨景開頭，或者以摸黑回家，或者以青山綠水寫起，當然也可以以時空的穿梭變化入手，但是總要與「那雙手」做合理、自然、巧妙的聯繫。

四、文章的中間部分（第二段以下）段落不拘，可能是三段、四段或五、六個段落，這個部分是文章的寫作重心，記敘事件與描寫人物情景，都必須全力著墨，讓故事情節高潮迭起，讓人物典型鮮明，處理過程要有變化，文章才會豐富、充實，並且引人入勝，久久不已。中幅這一部分是文章的骨肉，不管是事件、人物、雙手，無論是敘事或描寫，以及你所賦與「那雙手」的具體內涵，都必須裝在這些「豬肚」裡頭，這樣子，這篇文章「常常」、「我想起」，才有真實、豐富、飽滿的情境。

六、最後一段或兩段，最好以感激、感動的情懷收尾，不論是親情、友情、師生之情……各行各業都有說不完的新鮮故事，也都有娓娓動人的情感，所以處處都是素材，處處都有溫情。殊途同歸，萬變不離其宗，文章最後若能在人性的共通經驗中昇華，它就會震撼人心，引起共鳴。當然整篇文章中處處都可以表現情感，不獨只有文章末尾。君不見「由景入情」、「由事入情」、「由物入情」，文章不是隨時都可以展現風采嗎？

笨作文——實戰篇 26

題目：「我曾那樣追尋」

說明：在生活中，我們都曾有過追尋：或許是一台可以完成環島夢想的腳踏車，或許是創作帶來的喜悅，也或許是征服一座山的成就感。在追尋的過程中，我們可能有明確的方向，也可能覺得迷惘。我們付出努力、流下汗與淚，那苦澀或甜美的滋味，都是生命的一部分。你曾經有過怎樣的追尋？你又為何追尋？請寫出你的經驗、體會或想法。

※不可在文中洩漏私人身分。

※不可使用詩歌體。

馬上審題

一、題目：「我曾那樣追尋」——「我」，限制在「第一人稱」；「曾」，範圍也鎖定在「過去」。「那樣」，沒有特定要求什麼對象，它是和「追尋」連著說的。「追尋」，是本文的寫作重點，要考生寫的是走過的一段夢想。

二、從審題的立場而言，除了必須以第一人稱的「我」下筆外，「曾」，明示考生必須局限在「曾經」有過的經驗進行寫作，也就是「過去」曾經付諸實踐過的，不是寫「未來」的憧憬。這一點要先確定與釐清。

三、「追尋」，是比較抽象的意涵，是精神層面的滿足，例如追尋自我、追尋愛等等。從題意的理解來看，建議同學寫作發展不妨從「追求」再到「追尋」。「追求」是具體的方向，以實際的歷程為主；「追尋」，是抽象的層次，以感悟或啟示為主。

四、這篇文章最好涵蓋「事＋情＋理」三部分，它可以是「描寫＋記敘＋抒情」，三種文體的結合；也可以是「描寫＋記敘＋論說」；也可以是「描寫＋記敘＋抒情＋論說」。運用多重文體來進行寫作。

馬上立意

一、建立這一篇文章的意旨，要先扣緊「我」，不做無謂的泛泛論說，也不可以用第二人稱或第三人稱的筆調行文。所以原命題是著眼於考生自己熟悉的生活經驗入手，是回憶型或懷念型的文章。要求「敘事」也要求「抒懷」或「體悟」。

二、「追尋」是這一篇文章的寫作焦點。就立意的思考來看，先要對文題的「追尋」做定調，這篇題目的主意才會明朗。從追求某個目標所擁有過的經驗，包括原因、過程、結果和感受，先做「具體的」敘寫；然後再發展到追尋人生的精神層級，做「抽象的」感悟、體會。

三、「具體敘寫」與「抽象思考」，是這篇文章的兩大要素。我們可以試著從引導文字中抽絲剝繭，找出立意的主軸，以便建立寫作的綱領：

（一）「腳踏車環島旅行」（具體的）＋「完成夢想」（抽象的）

（二）「〇〇創作」（具體的）＋「帶來喜悅」（抽象的）

（三）「征服一座山」（具體的）＋「滿足成就感」（抽象的）

四、這一篇文章，簡單來說，就是要考生就自己的生命經驗與領悟，寫一段過去曾經有過的夢想或理想。可能成功也可能失敗；可以精采也可以遺憾。

馬上構思

一、在人生過往的歲月，我們都曾經有過追尋。在追尋的過程中，有順利也有不順利，有甜美也有苦澀。追尋的過程中，有付出、有努力，就會留下痕跡，就是人生難忘的滋味，它就有追尋的意義與價值。追尋人生，夢想最美。以回憶的筆調寫自己印象最深刻的「追尋之旅」，這個部分可以算是這篇文章的「本事」。考生要清楚的知道，既然明訂「曾（經）」，就很確切的要求這是一段以往實踐過的夢想，並不是對於未來的期許。所以在「構思」時，要扣緊第一人稱「我」來敘說自己追尋的經驗。同時，「那樣」二字，是表示有具體內容的，要將追尋的過程與心境，細膩的刻畫。這是第一步，接著要將層次提到因為這件事所得到的體會、想法，也就是說「是什麼」、「為什麼」、「如何」，三個面向都要考慮到。

二、在立意之後，確定自己的寫作方向，就要進行縝密的構思。構思，就是構想思考，好比是建築師畫藍圖一樣，大致的輪廓要出來。首先要想寫追尋什麼（經驗）？愛情、藝術家、明星、藝人、山友、主廚、義工、弘法法師、佈道家、音樂家、攝影家、文藝創作、運動家、游泳健將、民俗專家、掌中戲、歌仔戲、書法家、鋼琴家、國畫大師、農場經營、打火英雄、田園詩人……不論你選擇哪一種具體的追尋，正向比負向恰當。

三、接著要表達「體會」或「想法」：勇氣、成就、滿足、幸福、義氣、快樂、好奇、歷練、堅持、爭氣、成名、艱忍、征服、冒險、考驗、挑戰、克紹箕裘、為自己活、自我實現、光宗耀祖……領悟的範疇可以很多元，總以健康光明為佳，至於「成功」或「失敗」，並沒有一定的規範。

四、構思的發展路線，可以是：徬徨↓追尋↓肯定；也可以是：夢想↓追尋↓落空；還可以是：苦悶↓追尋↓昇華……可以根據自己的需要，做整體的構想。

馬上選材

一、選材的範圍很廣，只要是你熟悉的經驗，材料具體豐富，情節曲折變化，又能符合主題要求的，都是好素材。選材除了以自己難忘的經驗為佳之外，最好是正面的追尋素材，負面的少碰為妙。

二、不論選材屬於哪一個範疇，只要把握住生動描述追尋的過程，並且抒發感受或者深刻的感悟、領會，自然就能合乎文題的要求。同學可以多多發揮選材的效果，素材不一定局限在學校生活，不必只有功課、考試、成績、第一名。例如：

（一）小一開始追尋弦樂器中最高亢的小提琴，敘寫過去練習小提琴的辛酸與喜悅，但是升上國中後，面臨課業壓力，開始懷疑心靈糧食足夠自己翻山越嶺嗎？進而控訴升學制度的僵化。

（二）先寫自己熱愛音樂藝術，詳細刻畫養成過程的吃盡苦頭，與苦盡甘來的表演機會。接著敘寫——迴盪於表演廳的優美躍升，隨著指揮棒畫下句點，但是餘韻仍在心中悸動，就好像追尋過程的點點滴滴，仍然隨著脈搏跳動一樣。我曾那樣那樣追尋，追尋在舞臺上發光發熱的夢……最後的縣賽雖然我們不幸敗北，但是那一段團結合作、勤奮不懈的苦日子，餘音永遠裊繞在我們每個人的心中。

（三）先敘述參與「扯鈴隊」的歷程，仔細敘寫訓練的過程，接著從「追求」具體的「民俗技藝獎」，延伸到「追尋」——「成長與友誼」。

（四）從音樂演奏發表會，一方面倒敘過去學習鋼琴的辛苦歷程、一方面順敘鋼琴演奏的行雲流水，掌聲不斷。抒寫心智與德行的圓融成熟。

（五）在人生不斷追尋的夢想中，有人為了物質生活，有人為了生活。寫自己想當作家的心路歷程，雖然遇到瓶頸，加上課業壓力與家人極力反對，現在暫時拋下，但是寫作的歷程，給我帶來很多的快樂。

（六）以爬山的挑戰經驗，來證明自己的實力。進而回想人生過程中，不對的追尋，無非是要證明自己存在的痕跡，活出閃亮的自己。

（七）敘寫自己受到課業繁重的升學壓力，造成心靈的幽黯，與自己想要追尋低沉雄渾的薩克斯風的衝突，凸顯心理的轉折，最後以聽從媽媽的哀求，毅然決然收起樂器，全心準備會考作結。

（八）以參加跳繩隊為主題，文章以「老鷹振翅，追尋著風」起筆，指出各式各樣的人生追尋，再帶入自己參加跳繩隊，追尋全運會金牌，在烈日、北風中練習的過程。得到金牌後，才發現自己得到的不是金牌，還有友情以及勇敢追尋的精神。

馬上布局

一、題目：「我曾那樣追尋」，從布局的立場上看，除了敘寫追求某個目標的經驗、重要事件、場景外，還需要進一步凸顯過程中「心理的轉折」、體悟、成長等深刻的反省，才會贏得評審的青睞，獲得高分。

二、我們以追尋小提琴的過程為例：從「一開始的康莊大道，成了蜿蜒小徑。

每當征服一座山頭眺望下一個目標，又是龍蟠虎踞。」以此形容追求音樂之美、技藝精進的害怕與退縮，最後則以升學做擋箭牌，放棄了學小提琴。文末則訴說，經歷了外界與自我的質疑：「我不再讓握在手裡的輕易溜走。」細膩地敘述心境的轉折，以及從追尋到放棄的體悟。

三、由於引導文字已經很清楚的要求：「**你曾經有過怎樣的追尋？你又為何追尋？請寫出你的經驗、體會或想法。**」整個布局謀篇已經完整明白提示，考生只要遵循這個手法進行布局，文章的章法結構自然一清二楚，所以謀篇布局不用花太多腦筋。

笨作文——實戰篇 27

題目：「反省自己」

說明：一個成功的運動員，在比賽結束後必定先反省自己的表現，以做為下一次出賽的依據，一個懂得負責的人，會在失敗之後反省自己的作為，期待下次能有更好的表現。一個能時時反省自己的人，往往更容易修正錯誤。請以自己的經驗或見聞為例，寫出反省自己會有什麼樣的改變、啟發或收穫。

馬上審題

一、「反省自己」，這個題目的關鍵詞，自然是「反省」，反省的對象是「自己」，簡單地說，就是「自我反省」。題目的主題很清楚，談的是自己。

二、「反省自己」，對象雖然固定，內容卻沒有範圍，事件也沒有限制，所以，從審題的立場而言，事件、內容，都必須由考生自己做決定。

三、說明欄中提示「以自己的經驗或見聞為例」，「自己的經驗」，標榜的是親身直接的遭遇；「見聞」，是間接得知的經驗，它可以包括古代的歷史事例與現代的他人事例。

四、從說明欄的引導文字來看，文體的選擇以夾敘夾議為主的論說文，比較能合乎主題的要求，也比較能掌握文章的脈動。

馬上立意

一、首先你必須馬上面對怎麼看待「反省」。「反省」，是對於自己的行為活動加以省察。「反省」和「內省」不同，「內省」，只是以心理活動為對象，「反省」的含意包括了「內省」，同時要兼顧到自己和事件的「因果關係」，以及具體的處理方法。譬如說：假如發覺自己「發怒」是不妥當的，就要探究發怒的「原因」，並且思考改進的「方法」。運動員在比賽結束後反省自己的表現，做為下一次出賽的依據，就是從事件的因果關係上，「反省」出來的思考方法。

二、引導文字雖然要求考生從經驗或見聞中，敘寫自己的改變、啟發或收穫。擁有闡論深刻的說理能力，對於整篇文章的說服力，會有更好的效果。所以，在立意時，要先醞釀好如何對「反省」進行縝密的思考，並且確定要如何周全的詮釋。

三、「人」，一撇，一捺，寫起來容易，做起來很難。因為人無論如何也做不到完美，「金無足赤，人無完人」，既然人無完人，人就需要不斷的自我完善，也只有不斷地進行自我修正才能進步，才能隨著時代一起創新。為了不斷完善自己，人們就需要學會自我反省。反省，就是檢查自己的思想行為，修正其中的錯誤。

四、我們常常說：「反求諸己」，就是時時要反省自己，自我要求。凡事行有不得時，能反省自己，是一種能力。一個能跟自己好好相處的人，也是一種幸福。反省，能讓自己比較了解人性，比較了解經典中的真理，比較了解人性的枷鎖，比較同情別人的無奈，比較有勇氣追求自己渴望的人生。

五、中國人所強調的「反身而誠」，不只是獨善其身的自利境界。「反省」也好，「反求諸己」也好，「反身而誠」也罷，無非都是「修養」的功夫，「修」，是去掉不好的；「養」，是涵養不足的。從「自我的修為」發展到「人倫的秩序」，能修己又能善群，能內聖也能外王，這才是「反省自己」的上乘境界。

馬上構思

一、立意有了完足的腹案，接著就要進行總體的構思規畫。「反省自己」，這一張藍圖，除了建構好「反省」的基本旨趣之外，還要進一步建立——關顧到「自己」，這個清晰的概念。很多人不是沒有反省力，是只知道反省別人，不知道反省自己，這就與「反省力」完全背道而馳。能夠「將心比心」，才能在「人我之間」找到平衡，才能發揮反省自己，諒解別人的同理心。這是從「人」的立場來看的反省力。

二、說明欄中：「一個成功的運動員，在比賽結束後必定先反省自己的表現，以做為下一次出賽的依據，一個懂得負責的人，會在失敗之後反省自己的作為，期待下次能有更好的表現。一個能時時反省自己的人，往往更容易修正錯誤。」以上這一長串的文字，它反映出來的意涵，有比較多的傾向是從「事」的立場來看的反省力。

三、不管是因人而發的反省力，或是緣事而起的反省力，都是客觀自我檢驗的功夫。一個時時具備反思能力的人，往往能看得深，同時也能望得遠；一個能常常修正自己不好或者能涵養自己不足的人，往往能把自己放在最低的位置。謙謙君子能卑以自牧，何人不可處？何事不可為？

四、反省，是黎明，它能為你帶來新世紀的曙光；反省，是陽光，它能為你帶來無限的溫暖；反省，是朋友，它能讓我們時時刻刻記得它。我們要好好善待「反省」這個諍友，因為它，我們建立了自己的尊嚴；因為它，我們擁有了做人的價值。

馬上選材

一、說理的部分已經有通透的討論，大致有了一定的輪廓。根據說明欄所引的說理文字：「一個成功的運動員，在比賽結束後必定先反省自己的表現，以做為下一次出賽的依據，一個懂得負責的人，會在失敗之後反省自己的作為，期待下次能有更好的表現。一個能時時反省自己的人，往往更容易修正錯誤。」可見在客觀闡說道理上是必要的，除此之外，建議可以增加反面的論述，這樣的考慮，除了可以讓篇幅更豐實之外，也可以避免考生暴露說理文字薄弱的缺失。

二、其次，就是歸納好的事例，來做為論證的例子，佐證與增加文章的說服效果。正面的例子：曾子的吾日三省吾身、顏回的不貳過、子路聞過則喜、句踐的臥薪嘗膽、周處除三害……負面的例子：秦始皇仁義不施、隋煬帝暴政必亡、洪承疇名列貳臣傳之首、梁惠王殘民爭地，禍延子孫……

三、事例也可以近取諸身，旁取諸人。找你身邊熟悉的人事物、也可以就自己親身的體驗，以我寫我更貼切。例子要典型也要新鮮，要引人入勝也要不落俗套。

馬上布局

一、以說理性為主的文章，最容易寫得八股、最容易人云亦云、也最容易暮氣沉沉。所以，在布局的設計上，除了邊敘述邊論說的基本寫作策略之外，必須考慮文字的靈動表現，讓理性的客觀性寫作，能注入美麗、浪漫、漂亮的辭彙，活絡文章的形式之美，讓文章產生吸引力。整體謀篇以「合—分—分—合」或「總—正—反—合」的基本結構布局，條理清楚，簡單分明就好。

二、一開頭像鳳首可以美化，經營「起筆」的璀璨驚豔，一下子就吸引讀者的目光。例如：「雄鷹說：蝸牛奮力可以爬上峰頂徜徉群巒，我勇於反省自己，也可以展翅翱翔，傲視藍天。綠葉說：紅花耀眼出眾，獨豔一枝，我勇於反省自己，也可以妝點春色，渲染美的享受。小溪說：雨滴奮力可以沖破雲霄而墜落，我也勇於反省自己，也可以俯視山川，為大地默默耕耘。」

三、中幅如豬肚力求豐富，分成二或三或四段皆無不可，以「道理的深化」＋「例證的普化」為布局策略，不必過於複雜，焦點放在「夾敘夾論」，讓說理透徹，也讓例子鮮明，敘議平衡，這樣就容易贏得閱卷者的青睞。

四、結語若豹尾，也要亮麗有力，不要氣餒委靡。仍從激發人所本有的價值自覺的能力出發，透過「反求諸己」的方式來切己體驗；讀聖賢書，還需要通過「反身而誠」的修養功夫來自我修正，完成下一次超越的自我沉澱。

笨作文——實戰篇28

題目：「我的休閒生活」

說明：除了上課、補習外，你應該還有一些時間從事休閒活動。

請你寫出一篇至少涵蓋下列條件的文章：

◎敘述你在這些休閒時間內所從事的活動。

◎說明從事這些休閒活動的過程及感受。

※上述條件順序可以自行調整。

馬上審題

一、題目：「我的休閒生活」，「我的」，是主詞。「休閒生活」，是唯一的焦點內容。文題中「我的」，有兩點要注意，第一、不要寫成「你的」、「他的」、「大家的」等等；第二、不要寫成論說式的「談休閒生活」。

二、「休閒」，簡單的說，是指休息或娛樂的閒暇時間。休是休息，指身體或身心疲勞，暫時停息，以恢復精神或體力。閒，是空隙、縫隙的意思。「休閒生活」，指利用工作餘閒，讓自己輕鬆、發展身心的活動。通常是指「娛樂性的活動」。

三、文題很清楚明白，就是要考生在典型的教室上課或校外補習之外，說一說你究竟怎麼樣安排你的休閒活動？所以，就題目的審辨來看，應該以敘「事」為主調，加上描摹（人、景、物）、抒發（情）或體悟（理），可以根據多元的構想，做不同的設計。

四、就文題的安排來看，「我的休閒生活」，以「記敘文＋描寫文＋抒情文」為宜。

五、休閒活動最好以一件為核心，太多就會焦點分散，反而冗長雜亂，文章不容易做到活絡完整。

馬上立意

一、休閒生活可以從動態、靜態來分。**動態**可以是：運動、打球、登山、游泳、擁抱大自然、逛街購物等等。**靜態**的可以是：看話劇、看電影、看畫展、禪修、閱讀、參禪、做禮拜。

二、地點可以分校內、校外、居家等等。**校內**如：社團、下棋、合唱、圖書館、校樹下、池塘、運動場、管弦樂團等等。**校外**如：參禪室、禮拜堂、短期旅遊、度假、回鄉下、外公外婆家、阿公阿嬤家、名勝古蹟、母校、市場等等。**居家**如：看書、上網、看電視、聽音樂、彈鋼琴、看ＤＶＤ、蒔花、練書法、畫國畫、遛狗、遛鳥等等。

三、休閒生活也可以從「外在」與「內在」找靈感，做不同的規畫。**外在**如：感官的娛樂休閒。**內在**如：精神心靈的沉澱。

四、負面的娛樂避免入題，價值觀會影響級分的判定。如：網咖、吸安、幫派等等。

五、文題是「我的」休閒生活，所以範圍必須鎖定在自己的經驗範圍，全家出動或者長期的出國旅遊，都會是很不恰當的安排。

馬上構思

一、「休閒」，除了讀書、工作之餘的休息、娛樂之外，最好能關顧到「閒情逸致」，這樣比較討喜。「休閒」二字，可以隨意展開聯想。如：「休」，就是人靠在樹木下休憩，求得身心的輕鬆；「閒」，就是把門打開，讓月亮進來，來一趟閒適的紓解。

二、在靈感的腦力激盪上，可以從古今中外的休憩歇息、閒情閒趣，動動腦找構思。例如：

（一）「閒引鴛鴦芳徑裡，手挼紅杏蕊」（馮延巳・謁金門），是閨女幽幽的閒情。

（二）「樓上四時長好，人生一世誰閒」（趙可・雨中花慢詞），是陶醉自然的悠閒。

（三）「早聞詩句傳人遍，新得科名到處閒」（張籍・送施肩吾東歸詩），是仕途得志的閒樂。

（四）「思對一壺酒，澹然萬事閒」（李白．獨酌詩），是淡泊無爭的閒。

（五）「愛閒不向爭名地，宅在街西最靜坊」（張籍．題楊祕書新居詩），是寧靜的閒心。

（六）「俗客見來未解愛，忙人到此亦偷閒」（白居易．題友人別業詩），是忙人偷得浮生半日的閒意。

三、以「娛樂」當休閒的主題，是很多考生普遍會做的選擇。並不是不好，也沒有什麼不可以。不管是唱ＫＴＶ、看電影、打橋牌、打保齡球、聽演唱會、看職棒、逛夜市、電腦展、書展、逛百貨公司……構思一定要有新點子的創意，務求引人入勝，能這樣，構思通俗而不流於低俗，自然也是好方向。

四、在說明欄中有兩段文字，可以算是寫作要求，一併要列入構思的安排：——「敘述你在這些休閒時間內所從事的活動」。——「說明從事這些休閒活動的過程及感受」。這兩處文字提供了至少必須涵蓋的「**四個重點**」：第一、是休閒的「**時間**」＋休閒活動的「**內容**」。第二、是休閒活動的「**過程**」＋休閒活動的「**感受**」。

馬上選材

一、說明欄文字劈頭就說：「除了上課、補習外，你應該還有一些時間從事休閒活動。」就選材而言，雖然可以找校內的休閒活動入題，但是「上課、補習」，必須先排除。

二、不管選什麼樣的材料，這項休閒生活必須包含：「休閒的時間＋休閒的內容＋休閒的過程＋休閒活動的感受」，四項缺一不可。

三、選材要兼顧事件的記敘、景物或人物或事物的摹寫、休閒當下或之後的感受。「事＋人＋情」，必須面面俱到。選最熟悉的、選最愛的、選最真切的素材就是最有表現的空間，感動人心的機會就比較大。

四、如果要以「娛樂」做為休閒生活的具體內容，就要選擇能讓自己開心、放鬆、快樂、有趣的素材。例如：

（一）到國家音樂廳聽音樂會，餘音繚繞，迴環往復，令人心曠神怡，陶醉其中。

（二）跟一群死黨在ＫＴＶ大聲吶喊，流韻圓轉，有說有笑，盡情忘我，壓力釋放。

（三）在校園涼亭裡和同好弈棋，捉對廝殺，喝聲棋聲，震天價響，好不爽快！

五、如果要以「運動」做為休閒活動的主題，就要有激烈、汗水、衝勁的感覺。這樣的休閒才有動感。例如：

（一）每逢週末我都和哥哥在社區的運動間打桌球，凝視小白球一來一往，身體不斷移位，長殺短扣，忽左忽右，汗涔涔下，總是濕透衣服，才能分出勝負。

（二）放學後，我喜歡在臺北的地下街慢跑，像個移動的長廊，一站接一站，人潮不斷，商家林立，優游於人的世界，卻又十足的占有我自己。我跑，我跑不斷地跑……

（三）高個兒持球從籃底拋出，弧線很美，像夕陽跌宕的橘光，是一顆長得空心的球臉，我緊急向天空跨越、封殺捕捉，球在我手掌的上方滑了過去。掌聲四起，「啪！」的一聲，我又犯上一規……後衛很快帶過前場，妙傳給我，飛身而上，無人攔阻，球框我來了……球賽結束，那位神射手看我一眼，嘴角友善地笑了一下。我拍一拍他的肩膀：「下禮拜再來！」

六、如果要以「心靈」的滿足，做為休閒活動的核心材料。多以靜態的、感性的、精神的、內在的活動為主。以柔性的筆調，敘寫心理的活動，比較容易有幸福陶醉的感受。例如：

（一）放學後，我喜歡一個人靜靜地在荷花池畔打發時光，看一池春水聞鵲喜、聽一夏蟬鳴惹情思、望一池敗荷成風景、發一片冪黑的冬思，我喜歡以青春的生命，諦聽生生不息的悸動，那是晚霞與我最沉澱的時刻。

（二）木魚輕叩，蟬鳴晚唱，我喜歡在禪寺的老榕樹下，聽一回暮鼓，聞一響晨鐘，在幽幽的天籟山鳴中，我常常滌盡思慮，聽老法師的悟示後，帶著月光回家。

（三）在耶穌基督的十字架前，我雙手拄著懺悔的頭，進入深度的冥思。禮拜堂內沒有一絲聲響，屋宇下的雙燕，呢呢喃喃，一道光射了進來，我感覺到了。

馬上布局

一、題目是：「我的休閒生活」，文體的選擇最好以「記敘文」為主，敘寫休閒活動的時間、內容、過程；並且善用「描寫文字」，在必要的人物、景物、靜物、事物上，好好描摹，發揮幫襯的功能；當然也不能忘了「抒情文字」的表現，引起情感的發抒，達到引人入勝、產生共鳴的作用。

二、記敘文的章法布局可以多元多樣，不必拘泥於一格。大開大闔，自然成文。開篇部分：第一段可以從時間入題，也可以從空間進來；從景物摹寫開啟，也可以從事物刻畫起筆，還可以從人物帶入；可以從事件活動本身直接切入，也可以從情感渲染開始，營造鳳首的氛圍。

三、中幅部分：分成多少段落，沒有特別限制，由於涉及到材料的選取，考生可以根據自己確定的材料，做整體的規畫設計。事的敘寫要注意情節的曲折變化，再搭配「人」、「物」、「情」的交錯運用。這個部分是全文的重心，要像豬肚一樣裝得多，寫得實，力求豐富多料。

四、文章尾聲：可以考慮讓故事自然結束；也可以透過情感的昇華，發抒自己的心路歷程或心靈的釋放作結。

笨作文——實戰篇 29

題目：「心靈大掃除」

說明：屋子亂了，大掃除可以恢復清潔，提供一個乾淨而舒適的空間。煩憂、沮喪、悲傷……的情緒或想法，驕傲、自私、貪婪……的態度與習性，都會影響我們的生活。因此，心靈也需要大掃除，才能讓自己活得更自在、更愉悅，想一想自己有哪些缺點？該如何清除？

馬上審題

一、題目：「心靈大掃除」——「心靈」，泛指心，指內心或精神的活動。因為心的作用最為靈妙，所以我們經常將這兩個字連起來說。「大掃除」的「掃」，是清除污穢，有消除、殲滅的意涵。「掃除」，俗稱打掃清潔，去除骯髒。「大掃除」就是指全面地清除整頓不好的心理欲望，或違背天理良知的種種思維。整體的意思，是掃除心靈世界的毛病，包括不良的情緒、習性、態度、欲望等等都是。

二、「大掃除」，是我們生活中常講的話，題目中這個「大」字，含有「全面」的意味。往大的方向看，每逢過年過節要「大掃除」，把家裡好好整理一遍，以迎接新年節慶；往小處看，學生每逢學期末也有「大掃除」，要把內掃區、外掃區都徹底打掃得乾乾淨淨，以便放長假。「掃除」的目的是恢復乾淨的空間，自己的臥房、書房亂了，也會打掃一番，窗明几淨，讓所有的東西都歸定位。

三、單就題目上看：「心靈大掃除」，比較適合論說文，針對心靈的思想、情感等等，從價值面作反省、修正、調整，四平八穩寫去，從頭到尾像淋浴一般，要廣也要深，好好探討，這樣子，不難寫成一篇好文章。

四、從引導文字最末幾句話的提示：「想一想自己有哪些缺點？該如何清除？」這篇文章以「夾敘夾議的手法」進行寫作，也是可行的。

馬上立意

一、「屋子亂了，大掃除可以恢復清潔，提供一個乾淨而舒適的空間。」以上說明文字，從生活中大掃除的因果關係出發，然後連結到「煩憂、沮喪、悲傷⋯⋯的情緒或想法，驕傲、自私、貪婪⋯⋯的態度與習性，都會影響我們的生活。因此，心靈也需要大掃除，才能讓自己活得更自在、更愉悅。」這一大段文字，已經大致點出「立意」的內涵與範疇，同學在建立主旨這個部分，應該是比較能順理成章的抓到方向。

二、「大掃除」，含有全面肅清的宣示，重點放在「心靈」的範圍。立意的思考要鎖定焦點，不要游談無根，或者牽扯太多太雜，造成模糊主題的缺失。主旨確立之後，在合理的觸角之內，再有效地輻射發展論述，文章的面向能深入也能寬廣，內容就會豐實。

三、在筆調上要把握反省、深思、警惕、改正、檢討的角度，以來進行闡述或敘寫，如此在端正心靈、戒除劣習、改善態度、懲止欲望、陶養心緒上，才能恰到好處行文。

四、我們可以嘗試歸納引導文字的幾個類別，原則上要朝著負面的缺點去尋思。

馬上構思

一、心靈大掃除的大方向——「態度」、「情緒」、「欲望」、「習性」等等確立之後，接著就要進行構思。下列具體的細目，可以做為整體設計的構想思考：

（一）態度類：驕傲、睥睨、自負、自卑、自私、霸道、孤獨、逃避、虛偽不誠、畏首畏尾、我行我素、自怨自艾、跋扈囂張、目中無人、意志消沉、剛愎自用、漫不經心、心猿意馬、三心兩意、出爾反爾、反覆無常、見異思遷、猶豫不決、得過且過、一暴十寒、虎頭蛇尾、妄自尊大、恃才傲物、一意孤行、自矜自是……

（二）情緒類：煩惱、憂愁苦悶、沮喪、悲傷、消極、抑鬱寡歡、自暴自棄、剛暴易怒、忍挫力低、怕輸心理、懦弱無能、憂心忡忡、愁眉苦臉、哭喪著臉、意興闌珊、杞人憂天、庸人自擾、胡思亂想、失魂落魄……

（三）欲望類：貪婪無度、好名好利、占有性高、好大喜功、強取豪奪、愛占便宜、利欲薰心、貪多務得、求索無厭、得隴望蜀、暴殄天物、養尊處優、紈袴子弟、公子哥兒、目光如豆……

（四）習性類：欺騙撒謊、偷懶、不合群、推卸責任、我行我素、沒有恆心、不拘小節、沒有擔當、粗心大意、無所事事、醉生夢死、嬌生慣養、吹毛求疵、渾渾噩噩、不知好歹、麻木不仁、執迷不悟、冥頑不靈、頑固不化、不修邊幅、放浪形骸、玩世不恭、眼高手低……

二、建議構思的藍圖與策略，至少可以有幾個考量：

（一）依照各個類別，集中焦點，選定其中一類，採取多面向而精緻的論述或夾敘夾議的寫作策略。

（二）依照多種類別，就態度、情緒、欲望、習性等，選定兩個或三個不同的組合，採取綜合多重論述或夾敘夾議的寫作策略。

（三）依照上述四種類別，各選一個典型的主題，綜合多重論述或夾敘夾議的寫作策略。

三、不管你打算採取論說的寫作手法，或者採取夾敘夾議的寫作策略。全篇都要涵蓋具體闡述的內容，也就是要針對「心靈大掃除」，鮮明聚焦而且要言之有物。千萬不要籠統，也不要點到為止。可以講究敘說結實，但也一定要考慮到廣度與深度。

馬上選材

一、態度類——例如：

「恃才傲物」：可以闡述憑藉小聰明，在學業上也許可以短暫的捷足先登，但是時常顯出驕態，傲慢於人，睥睨一切，有了掌聲，也招致更多的噓聲。成就愈高愈應該學會謙讓，才能贏得大家發自內心的尊敬。

二、情緒類——例如：

「胡思亂想」：凡事都拿不定主意，不是瞻前顧後，就是怕這個怕那個，臨事想得太多，往往造成杯弓蛇影，自己嚇自己。想得多不如想得深，深謀才能遠慮，多慮恐怕只會生疑，把事情攪得愈來愈複雜。

三、欲望類——例如：

「利欲薰心」：嗜好欲望深的人，容易陷入利令智昏的窘境。每個人都有欲望，這是人性起碼的需求，其實並無可厚非，但是如果不能知足就不容易得到快樂。

利益欲望如果不能設限，只是一味無止盡的追求，最後，恐怕永遠沒有滿足的一天。最糟糕的是，見利忘義，欲壑難填，往往會鋌而走險，走向窮途末路而難以自拔。

四、習性類——例如：

「欺騙撒謊」：學習成就愈來愈低，在父母面前撒謊的次數就愈來愈高，自己往往更加自慚形穢，內心愈來愈不能自拔，痛苦指數往往也就愈來愈高。其實，人的眼睛都是雪亮的，誰也騙不了誰！那又何必自己騙自己呢？

五、不論你選取什麼樣的素材，做為自我反省檢討的核心，都必須進一步提出解決問題的方法。從反面或側面進行闡述，都是很好的途徑。

馬上布局

一、這篇文章最好有六段的布局考量，論點能伸向四面八方，並且就事論事，提出因應之道，內容才會結實深厚，展現多重論述的寫作力。

二、如果打算以純粹的論說文進行寫作，建議採用「總提分應法」進行章法謀篇，第一段總說在多元多變的人生中，心靈難免受到各種衝擊與挑戰，只有經常洗滌思索，才能遠禍避害，長存一顆光明正大的心。「反省力」，就是心靈大掃除的一把好刀；「實踐力」，是根除惡習、陋習、壞習的尚方寶劍。「約束力」，是重新出發心靈上很重要的一把忍刀。

三、第二段到第五段，分別提出具體的弊病與改革辦法，和首段呼應，緊密扣合。最後一段再總結只有掃除「心靈」的障礙，才能日起有功，不斷提升自己的形象。直到纖塵染不到我，此心澄靜，不忮不求，才算達到真正大掃除的境界。

四、如果打算以夾敘夾議的寫作手法行文，那麼不妨以真摯的筆調，直搗我心深處，具體陳述，條分縷析。在嚴以律己的大前提下，用放大鏡好好檢驗自己，並抱著懇切的心情，以戒慎恐懼、臨淵履冰的筆心，全面嚴切的自我淘洗一回，從天理良知出發，給自己一條行得通、走得穩的康莊大道。

笨作文——實戰篇30

題目：「我最喜愛的電視節目」

說明：看電視成為國人生活中共同的一部分，無論週休或國定假日，寒假或暑假，下班或放學後，我們的生活周遭，男女老少似乎都離不開電視節目。有人喜歡看綜藝節目、有人愛看談話性節目、有人關心國內外新聞、有人喜歡看運動競技。從無線到有線電視，節目應有盡有，在眾多頻道中，你最愛的是哪個節目？為什麼？請選定一個你最愛看的節目，說說你的經驗、感受或體悟。

馬上審題

一、題目：「我最喜愛的電視節目」，人人看得懂題目的意思，題目要求的寫作重心是「電視節目」。其他離開「電視」以外的劇場、舞臺劇、現場演唱會、全球巡迴歌舞劇、雜技團、馬戲團等等，都不宜成為寫作的材料。但是，如果已製作成「電視節目」，以上的內涵，統統是符合題目的要求。

二、主詞是「我」，唯一的選擇就是「你自己」。不要寫成我家或者全家，或者寫成家裡每一個人分別喜歡的節目，東拉西扯，這都算離題。

三、「喜愛」，立場很明確。選擇的範圍自然就是自己「喜歡愛好」的電視節目。「討厭」、「排斥」、「陌生」、「拒絕」，甚至「深惡痛絕」的節目……一切不想看的節目，都不要入題。讓主題清明、乾淨、純粹。

四、「我最喜愛的電視節目」，除了記敘的基本鋪陳之外，情感的發抒或道理的體悟，是一定要觸及的層次，這樣文章才有滋味，才會引人入勝。就文體而言，記敘兼論說，或者記敘兼抒情，都是適當的選擇。當然有必要的話，合宜而適度的描寫文字，也是很好的考慮，就看整篇文章需不需要來決定。

馬上立意

一、電視臺的節目有上百個頻道，從寬來講，你可以選擇一個系列來建立旨意，譬如說：「綜合臺」、「體育臺」、「育樂臺」、「新聞臺」、「電影臺」、「幼幼臺」、「卡通臺」、「知性臺」、「旅遊臺」、「財經臺」、「戲劇臺」、「宗教臺」等等。這一系列型的選擇，在立意上最大的優勢是題材豐富、面向廣泛，可以採行輻射型的發展，以內容充實多元多樣的「廣度」魅力，為主要的立意思考。

二、如果你打算精準的選定一個節目來做為寫作的重心，這一個節目必須是你很有接觸、很有印象、很有想法，甚至於樂在其中、非看不可的節目，才是你的好選擇。因為你印象深刻，因為你體會深入，因為你對這個節目情感深厚，因為你對這個節目情有獨鍾。有這樣的經驗和條件，就十分適合選定某一個單一節目為對象，做窄而細、小而精的整體立意，節目對象雖然單一，卻能發揮精緻高妙的題意，以節目的深刻評價、感受、體悟、陶醉，帶領讀者進行一場深度之旅。

三、在處理這個題目的立意之餘，要注意的是，由於題目人人會寫，千萬不要只是流連於節目浮泛的介紹，這樣容易東拉西扯，提煉不出個具體的焦點來，可能寫得很多，但都是廢話連篇。

四、在限制式的寫作條件底下，整篇文章的創造性思考，除了這個電視節目必要的敘述之外，要集中心思來確定主旨的中心焦點。鎖定文章的「廣度」、「深度」、「密度」的大致安排，下一步的「構思」、「選材」，才會有漂亮的「走勢」與迷人的「方向」，甚至於產生出人意表的「共鳴」。這種簡單容易寫的題目，最會寫得庸俗、貧乏、無味。但是，只要深思熟慮，多用一點腦筋轉一轉，也是最容易寫得出色、寫得精采的文章。

馬上構思

一、一篇文章的間架結構，如果能夠設計精巧，不但承續了「立意」的使命，同時也開啟了「選材」的康莊大道。這個「我最喜愛的電視節目」，你必得要精確地抓住它的「點」來造藍圖。千萬不要隨便蜻蜓點水，營造幾個漣漪轉頭就走。

二、如果你想朝「綜藝」、「育樂」這一類的節目進行構思，可以寫得熱熱鬧鬧，五花八門。例如：可以涵蓋「歌手」的風靡全場；「戲子」入戲的絲絲入扣；「主持人」的詼諧說唱、插科打諢、喧鬧逗趣；「樂團」瘋狂的聲嘶力竭……琳琅滿目，應有盡有，剪裁得宜，都可以入題。

三、如果你想朝「談話性」節目去尋思，可以寫得多采多姿，沸沸騰騰。例如：可以涵蓋「政論性」、「娛樂性」、「休閒性」、「回憶性」、「批判性」、「歷史性」、「生活性」……類別繁多，目不暇給。「政論性」的針鋒相對，你來我往；「娛樂性」的隱私爆料，聳人聽聞，博君一粲；「歷史性」的上下古今，月旦是非，令人低迴；「批判性」的尖銳立場，劍拔弩張，各說各話；「生活性」的指甲髮飾，豐胸美容，瘦腰減臀等等，都是很好的觸及點。

四、童心未泯的，你也有「幼幼臺」、「卡通臺」可以選擇，一休和尚、多啦A夢、柯南偵探、櫻桃小丸子……還有很多兒童節目，值得你流連忘返，忘我投入。也是你筆下很熟悉的構思點。

五、對運動節目如痴如醉的應該也是不乏其人。例如：臺灣少棒青少棒青棒職棒、洲際杯棒球賽、美國大聯盟精采的賽事；從美國NBA籃球到臺灣甲籃聯賽；從臺灣高爾夫球賽到世界各國巡迴公開賽；臺灣網球好手的比賽表現……比賽高潮迭起、奮戰不懈、意外驚喜、飲恨球場……也是很多人關切的動態。

馬上選材

一、從最精準的角度而言：如果你能就你最喜歡的經驗或習慣，直接揭櫫主題，選定一個「最喜愛的節目」，是最切題的處理。這也是我們最鼓勵、同時也是最上乘的選擇。就練習與培養實力的角度來看，同學宜練就一把細膩精緻的寫作力，不妨從「寬」與從「嚴」的角度，分別練習。從籠統的頻道敘寫，要講究寫作的廣度，力求豐富飽滿；從單一的節目出發，要強調寫作的深度與文字的密度，凸顯精緻的感性或鮮明的說理。

二、就算是「從寬選材」，也不宜游談無根，天馬行空。這樣就違背了原來簡單明白的命題要求，造成鬆鬆垮垮的文情。這是最不樂意見到的結果，但偏偏是最普遍的現象。進行寫作時，一定要言之有物，這一點千萬不可以忽視。例如：

（一）如果是談話性節目，你一定要做出選擇，究竟是政治議題、還是社會議題？是生活議題、還是性別議題？為了避免文章太浮誇，或是範圍太繁雜，再怎麼寬鬆，還是要有一定的針對性。參加的來賓、主持人，議題的大方向，迷人的地方——是敘述得很周詳呢？還是見解有建設性呢？你為什麼喜歡？理由要說清楚？

（二）如果是「知識性」節目，你也要鎖定範圍，建立灘頭堡，動物星球頻道、國家地理頻道、Discovery 等等，你最好還是選一個進行寫作，焦點才會集中。「知識性」的節目，也可以寫得很感性，例如：如果是「動物星球」，那麼一片草原就有描寫的空間，動物的群性或個別行為，也分別會有描摹的空間，如場面描寫或姿態描寫等等。動物間的兩性行為或者親子間的孺慕之情，都有感動抒情或闡理體悟的好觸角。

（三）「新聞臺」除了臺視、中視、華視、公視之外，還有年代、東森、中天、三立、民視、TVBS、非凡等等，也有原住民、客家、CNN、NHK……你打算從國內寫起，還是將重心放在國外；喜歡地方性的新聞頻道，還是屬於自己種族族群的頻道。這個領域也有很多空間可以敘寫，無遠弗屆的國際視野，自然以CNN為好的選項；特定族群的血脈情感，原住民電視臺與客家電視臺，都是好選擇，內容的擷取與設計，就看你的經驗與感覺了。

（四）「宗教臺」也是一樣，你不可能也沒有必要統統都選，「好消息電視臺」、「大愛臺」、「人間衛視」、「生命電視臺」、「法界弘法電視臺」、「唯心電視臺」……種類不少，如果你有宗教信仰，最好鍾情於你的精神依歸，不必東方西方各種不同的信仰都來。從信仰出發，從電視節目交融，這種空中的領會與交通，是很好的出口。還有一點天真童趣的同學，也有很多選擇：「卡通頻道」、「迪士尼頻道」、「MOMO 親子臺」、「東森幼幼臺」。你決定了嗎？

三、如果只想針對一個自己最鍾愛的節目，最好要有很好很深刻的經驗、認知、心情、體會、感動等等，具備這些條件，這個「喜愛性」不但會寫得豐富充實，感動人心的共鳴性，一定會大大提高。例如：

（一）每逢週六週日的「美食節目」，你最喜歡哪一個主持人或者烹飪大廚？拿起鏟子他們是怎麼出神入化的？你又是如何喜愛的？隔著電視你又如何心嚮往之的陶醉其中？你想成為名聞國際的大主廚？你看美食節目之餘有什麼心得或感受？中餐、西餐、甜點，你有哪些引人入勝的素材呢？這就要看你平日對這個節目夠不夠深入？不是隨便寫就會出色。

（二）NBA 籃球大賽或者 MLB 美國職棒聯盟的系列賽，如果你多少年來樂此不疲？甚至已到了每場必看的地步，那麼緯來、民視、衛視、ESPN……應該是你熟悉的電視臺。棒球國外有王建民、陳偉殷，國內有職棒大家熟悉的明星球員；籃球除了林書豪、林志傑、林信安之外，還有哪些？網球好手有盧彥勳、詹詠然、莊佳容、謝淑薇；高爾夫新秀曾雅妮、龔怡萍、林吉祥、連馬鹿森、洪家煜，他們又是怎麼成為臺灣之光的？你一定要有全面或重點深入的敘寫，才能真正成就你的——

「我最喜愛的電視節目」。

（三）其他諸如：「電影臺」，有國外電影也有國內電影，你最喜歡看哪一臺？為什麼？是畫質清新還是影片最新？你又是在什麼時候觀賞的？你最喜歡哪一類的電影？哪一些演員？甚至於「財經臺」、「教育頻道」、「購物臺」，都可以成為「你最喜愛的節目」的最佳選擇。特別提醒同學：選定自己經驗中最喜愛的節目，才能寫得掌聲四起，寫得拍案叫絕，寫得感人肺腑。

馬上布局

一、這個題目的主要元素，包括「我」和「電視節目」，兩者之間的關係是「最」「喜愛」。採第一人稱敘述手法的的謀篇布局，是十分明確的。對象是「電視節目」，所以，「敘事」，是主要的內涵，這個部分應該是最主要的寫作重心；隨著聲光、情節、景致、人物、對話的需求，「描寫」文字多少也一定派得上用場，不要忽略了這個區塊的表現；「最喜愛」的兩個元素，離不開「抒情」與「論說」，在文章的發展上，「情」和「理」，是兩個可以考慮延續發展、推向高潮的方向。

二、文章開頭不要「帶帽子」，東拉西扯，以小而美的開頭最簡便。不管是直接展開一段「敘事」，或者以主持人的「招牌臺呼」入題，或者以一個唯美的畫面進來，也可以第一段就用強烈的情感來渲染，以引起讀者的興趣，也是個好的選擇。千萬記住：就是不要習慣端著架子，泛泛說一些有的沒的，這是最忌諱的開頭，卻也是最常見的開頭。

三、中間的部分材料要厚實，從分成兩、三段到五、六幾段都沒有什麼不可以。以謀篇章法的角度而言，一般要注意的原則是：「故事材料要有用」、「情節變化要靈活」、「筆調要寫實貼切」。

四、這篇文章看似只是敘說「電視節目」，從文章寫作來講，想要飽滿鮮明，聰明的學生，大處來說，其實都會活用各種文體；小處而言，也懂得文字經營，善用文字的基本運用與變化，更能巧妙自然地嵌入曼妙的修辭華采。所以，越是簡單通俗的文章，越要注意文章的安排設計與文字的美妙營造。就文章結尾的布局來說，不管是要放在「情感的抒發」或是「道理的闡說」，或是兩者兼備，一併觸及。總是離不開兩句話：「情感要自然流露」、「說理要中肯服人」。這樣文章才能引起共鳴，贏得最多的掌聲。

跋／

《笨作文》給漁不給魚

《笨作文》，其實可以從小五小六，到國中會考，到大學學測指考都管用。這本書給漁不給魚。有打漁的功夫，還怕打不到魚嗎？

這本書是我「培養自然而然的寫作力」系列套書的實戰篇，就實用的針對性而言，「國中會考」自然是第一優先。國三生最直接最管用，因為題目都是國中國文老師、學生很熟悉的，連關心的家長其實都不陌生。

題目不重要，我從來不猜題。

範文不提供，這樣會害死你。

我教書快四十年，常常有一個疑惑，為什麼學一門技術，只消三年，學徒可以出師。可是作文從小三學到高三，整整十年，寫得好的能幾人？寫得好的可能是天賦，也可能有家學。該學好的大部分學生，也大多沒有學好。

憑良心講，第一線國文教師沒有不想把作文教好的，也沒有不認真教認真改的。可是作文依然是國中生的痛，高中生的苦。

這一本書是上戰場前的練功術，小五小六可以試著接觸。高中生也值得揣摩，君不見，國中會考的「寫作測驗」到大學「學測和指考」作文，有幾個應考前能憑本事拿高分的？

在補「全科」送「作文」的補習天地裡，作文不都是「套招」、「框架」，甚至能一個一個為考生量身訂作的。我是講台這個職場上的老教書匠，沒幾年書好教了。我評過很多年全國國語文作文大賽，也培訓過台灣大部分縣市的各級作文冠軍選手。

我覺得我們應該找一套健康自然踏實穩健合理的作文之道，老師教學生作文是天經地義的，爸爸媽媽為什麼不能指導自己的寶貝子女？哥哥姊姊為什麼不能引導弟弟妹妹？連阿公阿嬤都可以是好的作文老師，你相信嗎？

讓學生把最會寫的寫出來，讓學生寫出來的都是自己想寫的。讓學生看到題目能自然而然去思考策略，從很多可能的觸角中，由博返約，找出自己最合適的謀篇策略與章法設計。當考生已經從基礎寫作的各種功夫都打好底之後，再來接觸這本《笨作文》，你很快就會如獲至寶，因為你將透過三十次的開放思考、靈感刺激、創意開發，而穩穩地拿到五級到六級分。

大學學測大學指考的長文寫作，拿不到一半分數的占多數，這是為什麼？你一直沒進步是表面的省思與判斷；你一直沒有開竅才是真正的病灶。相信我的野人獻曝，善用這三十篇的冶煉。本書一篇篇二千到三千的引導文字，都是我透過親自寫下的一字一句，提供很多很多的可能，企圖打開你作文的任督二脈，作文不應該千人一張臉。進了考場下筆寫作之前，你只有五分鐘到八分鐘的寫作規範與大綱設計。

笨作文　你笨得厲害！

《笨作文》是你出鞘前的磨厲以須，功夫到家了，你的運思步驟就如魚得水，很快就能找到最有效的戰法。這本《笨作文》沒有什麼大學問，就是幫學生開發自己。不只是會把會考作文搞定，考大學的學測作文、指考作文也就順理成章不怕了。

《笨作文》不笨，這一生你也就自然而然會寫自己想寫的文章了，像你自然而然能哼歌愛唱歌一樣。

《笨作文》，不怕笨。

建中一叟　林明進　二〇一六年十月六日.

國家圖書館出版品預行編目資料

笨作文：國中實戰篇（新版）/林明進著. – 初版. -- 臺北市：
麥田出版：英屬蓋曼群島商家庭傳媒股份有限公司城邦分
公司發行, 2023.04
面；　公分. -- (林明進作品集；1)
ISBN 978-626-310-419-8(平裝)

1. 漢語教學　2. 作文　3. 中等教學

524.313　　112001575

林明進作品集 1

笨作文：國中實戰篇（新版）

作　　者　林明進
責任編輯　陳淑怡

版　　權　吳玲緯
行　　銷　闕志勳　吳宇軒　陳欣岑
業　　務　李再星　陳美燕　葉晉源
副總編輯　林秀梅
編輯總監　劉麗真
總 經 理　陳逸瑛
發 行 人　涂玉雲

出　　版　麥田出版
104台北市民生東路二段141號5樓
電話：(886)2-2500-7696　傳真：(886)2-2500-1967
發　　行　英屬蓋曼群島商家庭傳媒股份有限公司城邦分公司
104台北市民生東路二段141號11樓
書虫客服服務專線：(886)2-2500-7718、2500-7719
24小時傳真服務：(886)2-2500-1990、2500-1991
服務時間：週一至週五09:30-12:00．13:30-17:00
郵撥帳號：19863813　戶名：書虫股份有限公司
讀者服務信箱E-mail：service@readingclub.com.tw
麥田部落格：http://ryefield.pixnet.net/blog
麥田出版Facebook：https://www.facebook.com/RyeField.Cite/

香港發行所　城邦（香港）出版集團有限公司
香港灣仔駱克道193號東超商業中心1樓
電話：(852) 2508-6231　傳真：(852) 2578-9337

馬新發行所　城邦（馬新）出版集團【Cite(M) Sdn. Bhd.】
41, Jalan Radin Anum, Bandar Baru Sri Petaling,
57000 Kuala Lumpur, Malaysia.
電話：(603)9056-3833　傳真：(603)9057-6622
E-mail：cite@cite.com.my

設　　計　謝佳穎
排　　版　宸遠彩藝工作室
印　　刷　沐春行銷創意有限公司

初版一刷　2016年10月
二版一刷　2023年04月
定價／380元

ISBN：9786263104198
9786263104341（EPUB）

城邦讀書花園
www.cite.com.tw